Gérard Gastaut

Mer Noire : mer des conflits

Paris, mars 2024

Du même auteur

Europe et romans nationaux
Éditions Kindle Direct Publishing
Publié en 2019

Une mer européenne : la Baltique
Éditions Kindle Direct Publishing
Publié en 2020

Sommaire

Préface

En 2020, j'ai écrit un livre sur « La mer Baltique, une mer européenne » : j'ai souhaité maintenant en faire de même sur une autre mer au sud est de notre Europe, la mer Noire. Bien que bordée par deux états membres de l'Union, Bulgarie et Roumanie, ainsi que par deux autres états candidats, Turquie et Ukraine, il ne peut être question d'une mer européenne du fait de la position de la Russie et de la Turquie, toutes deux puissances asiatiques. J'ai choisi plutôt le titre « Mer des conflits ». Cette mer, entre le détroit de Kertch avec la mer d'Azov et l'embouchure du Bosphore avec la mer de Marmara, est alimentée par des grands fleuves et échange ses eaux avec la Méditerranée. Au delà de la décrire géographiquement, mon propos est d'en illustrer l'histoire pour, in fine, tenter une géopolitique de l'avenir de ses riverains.

D'abord mer Scythique selon les grecs, elle a connu sur ses bords des peuples des steppes tels les Scythes ou sédentaires tels les Thraces. Peuples sans écriture, ils sont connus par les récits grecs souvent mythiques : Jason et les Argonautes à la conquête de la Toison d'Or, le royaume des femmes guerrières, les Amazones. C'est la mer des « Barbares » : pour les Grecs, ceux qui ne parlent pas leur langue.

Dès le septième siècle avant notre ère, les Grecs nomment cette mer Pont-Euxin (du grec « mer accueillante ») et établissent sur ses bords de nombreuses cités et colonies. Ce sont ainsi des dizaines de villes prospères qui commercent entre les rives de la mer Noire et les peuples méditerranéens malgré les attaques des Perses. Un métissage avec les populations locales se fait mais le caractère grec et sa langue restent la référence. Ces villes donnent naissance à deux royaumes, celui du Bosphore (il s'agit du « bosphore » de l'actuel détroit de Kertch) puis celui du Pont qui intègre le précédent : la mer Noire est un « lac grec ».

Vers le milieu du premier siècle avant notre ère, les Romains conquièrent les rives de la mer Noire et établissent l'autorité de Rome qui devient Empire. Mais les anciennes terres grecques conservent leur langue et leurs coutumes dans les nouvelles provinces romaines. Avec Constantin, le christianisme devient la religion dominante et la capitale impériale s'installe à Byzance/Constantinople. À partir de l'an 395, l'Empire est séparé : ainsi nait l'Empire romain d'Orient qui s'hellénise. La mer Noire reste une mer romaine malgré les « invasions » des Goths, des Huns, des Avars et les guerres avec les Perses.

À partir du septième siècle, l'Empire romain d'Orient se développe selon des caractéristiques propres : on peut parler d'Empire byzantin bien que ce dernier terme date de beaucoup plus tard. La mer Noire devient une mer « byzantine ». Sur ses bords, l'Empire contrôle toute la rive sud de l'embouchure du Danube à la Géorgie d'aujourd'hui plus le sud de la Crimée. Les luttes sont permanentes contre la Rus' de Kiev, les Bulgares, les Petchenègues, les arabes musulmans et les premiers Turcs.

Le début du douzième siècle marque une époque de grands changements pour la mer Noire. Au nord, les hordes mongoles établissent leur emprise à partir des steppes de l'Asie centrale, à l'ouest les bulgares implantent leur « second empire », au sud les Vénitiens et les Croisés latins conquièrent l'empire Byzantin qui se désagrège et perd sa superbe face aux Ottomans qui l'achèvent. Le commerce italien, surtout génois, domine en mer Noire qui devient la mer des Italiens, *Mare maggiore.*

Du milieu des quinzième et dix-huitième siècles, la mer italienne devient un « lac ottoman » bien que certaines de ses rives soient toujours habitées par les grecs pontiques. L'appellation « mer Noire » vient de son nom en turc.

L'époque suivante marque l'échec des Tsars d'en faire une mer russe malgré la conquête de la rive nord du Danube au Caucase. Catherine, la Grande réalise le rêve de Pierre le Grand mais l'avancée vers le sud sera arrêtée par la guerre de Crimée.

Le vingtième siècle met cette mer au milieu des conflits : deux guerres mondiales, guerre froide. Les pays riverains changent de régime : URSS au nord, Turquie kémaliste au sud, nouvelles Bulgarie et Roumanie à l'ouest. Les grecs pontiques sont expulsés. C'est la mer des Conflits.

La fin du vingtième siècle et le vingt et unième siècle voient s'établir une nouvelle géopolitique : renaissance de la volonté d'empire de la Turquie, indépendance de la Géorgie, de la Moldavie et de l'Ukraine, guerres de la Russie pour reconquérir son influence sur ces pays (Abkhazie, Ossétie du Sud, Transnistrie, Ukraine), Bulgarie et Roumanie membres de l'UE, extension de l'OTAN et de l'UE vers l'Ukraine. Qu'en sera-t-il demain ?

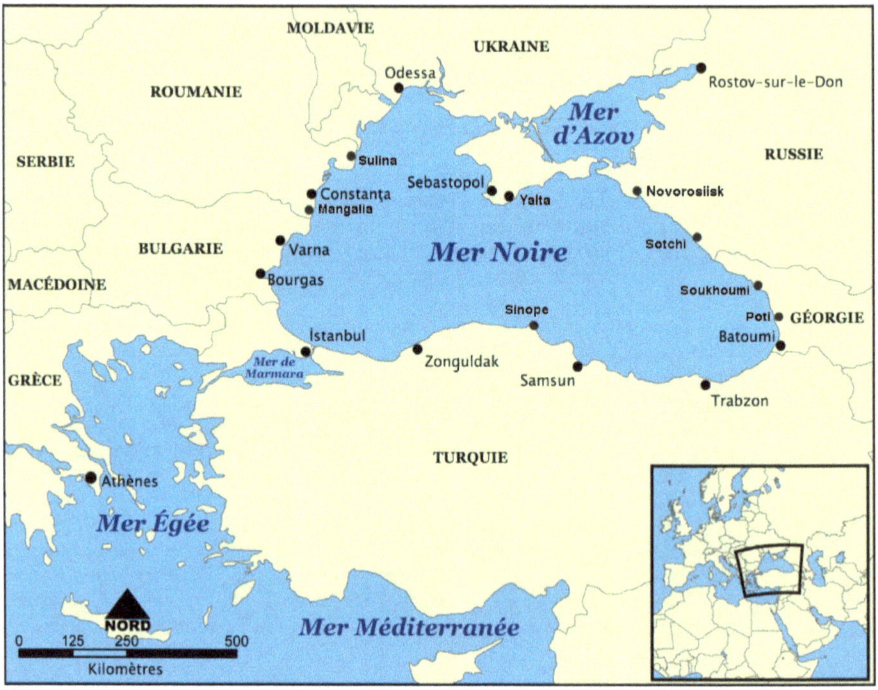

Géographie de la mer Noire

Vers 7 500 avant notre ère, ce qui est aujourd'hui la mer Noire était un lac d'eau douce isolé, situé à 150 mètres en dessous des eaux de la Méditerranée. La fin de la dernière grande glaciation fait alors monter les eaux des océans et de la Méditerranée : cette montée des eaux, éventuellement combinée avec des évènements sismiques, permet aux eaux salés de franchir l'isthme du Bosphore. Une immense cataracte s'engouffre vers le nord créant la mer Noire actuelle et faisant disparaître les pré civilisations installées sur les rives du lac : certains pensent y voir la source du "déluge". La mer Noire, avec la mer d'Azov, prend alors sa forme actuelle : elle correspond avec la Méditerranée par le Bosphore, la mer de Marmara et les Dardanelles.

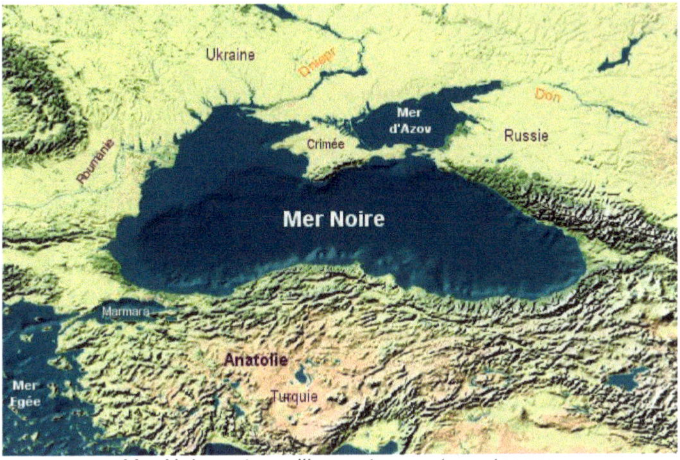

Mer Noire entre collines, steppe et montagnes.

La rive sud de la mer Noire est montagneuse avec une plaine côtière inexistante ou restreinte. La rive est comprend une plaine entre les montagnes de l'Anatolie et du Caucase. La rive nord est bordée par l'extrémité ouest de la steppe pontique, immense étendue herbeuse avec toutefois l'exception de la rive sud de la Crimée montagneuse. Enfin la rive ouest est marquée par des collines, avatars du massif balkanique. D'une superficie d'environ 460 000 kilomètres carrés, elle présente une dimension de 1 150 kilomètres d'est en ouest et de 500 kilomètres du nord au sud avec toutefois un rétrécissement au niveau de la Crimée. Sa profondeur maximale est de 2 200 mètres mais elle présente un plateau à moins de 200 mètres à l'ouest.

La mer Noire reçoit des fleuves importants, Danube, Dniestr, Dniepr, Don, Kouban ce qui entraine une faible salinité. À leur embouchure ces fleuves s'étalent en delta pour le Danube et forment des lagunes, appelées "limans", pour les autres ; on peut même considérer que la mer d'Azov est le liman du Don. Cette abondance d'eaux douces entraine un courant de surface vers la mer de Marmara par le Bosphore. En contrepartie, un courant de fond réalimente la mer Noire en eaux salés. Les eaux de la mer Noire sont dépourvues d'oxygène dissous en dessous de 200 mètres du fait du non renouvellement des eaux profondes et de la décomposition des apports de matières organiques ; cette absence d'oxygène fait que les bactéries créent du sulfure d'hydrogène ; ainsi les eaux de la mer noire en dessous de 200 mètres sont saturées de sulfure d'hydrogène, c'est l'euxinisme... dont le nom vient de Pont-

Euxin, nom grec de cette mer. En conséquence, la faune aquatique n'existe que dans les eaux de surface : il en est ainsi des anchois, thons, etc.

Un climat particulier, le climat pontique, existe sur les bords de cette mer. À l'ouest, du Bosphore à la steppe de Crimée, il s'agit du climat pontique "frais" de type méditerranéen en été mais continental en hiver. Des monts de Crimée vers la côte anatolienne, c'est un climat pontique "doux" proche d'un climat subtropical humide. Pour la végétation, le climat "frais" favorise la steppe et des terres fertiles et le climat "doux" favorise des forets. Ce climat pontique est également la source de violentes et brusques tempêtes en mer.

Mer des “Barbares“

Les rives de cette mer qui n’avait pas encore de nom furent dès les temps protohistoriques des lieux où des humains trouvèrent des sites favorables : pâturages, terres fertiles, poissons. Vers le huitième siècle avant notre ère, les Grecs, avant de venir fonder leurs colonies, appelaient cette mer, “inhospitalière“ et considéraient qu’elle n’était entourée que de “barbares“. Mais cette “mer des Barbares“ recelait en fait déjà des civilisations dignes de cette appellation. Les plus importantes d’entre elles étaient celles des Thraces, des Scythes, de la Colchide.

Les Thraces sont présents depuis le troisième millénaire avant notre ère sur un immense territoire qui, sur les bords de la mer, va de l’Anatolie occidentale au delta du Danube. Ce sont des tribus comme les Phrygiens et les Bithyniens à l’est du Bosphore, les Daces (nom romain ultérieur) à l’intérieur des terres dans la Roumanie actuelle, etc. Mais le cœur de cette civilisation se situe dans la Bulgarie actuelle. Ils partagent les mêmes croyances, une même langue souche, une même manière de vivre en trois classes, travailleurs, guerriers et prêtres. Ils sont riches de leur agriculture (blé), de l’élevage (chevaux), de leurs mines d’or, de leur artisanat en céramique. Les guerriers sont connus pour leur bravoure et leur habilité. Chaque tribu a un roi venant des guerriers ou des prêtres. Leur richesse se traduit en œuvres en or, “l’or des Thraces“.

Les Grecs incluent les Thraces dans leur mythologie. C’est ainsi que Orphée est le fils d’Œagre, roi de Thrace, et de la muse Calliope : on connaît son destin auprès d’Eurydice ! En Phrygie, sur la rive anatolienne, le roi Midas est présent dans la mythologie grecque : il transforme en or tout ce qu’il touche et, une fois guéri de ce sortilège, il est affublé d’oreilles d’âne par Apollon ce qui le conduit à créer le bonnet phrygien qui n’empêche pas un serviteur de le découvrir et de le faire proclamer par les roseaux. Quant au père de Midas, Gordias, il est à l’origine du nœud “gordien“ dans la ville de Gordes qui porte son nom.

Les Scythes, peuple des steppes, apparaissent dans la plaine pontique sur les rives de la mer entre le Danube et le Caucase (soit l’Ukraine actuelle) vers le VIIème siècle avant notre ère. Ils en chassent les Cimmériens qui migrent vers l’Anatolie et les Balkans : peut-être, le nom de Crimée dérive de leur appellation ? Tribus nomades, les Scythes sont de redoutables guerriers à cheval armés d’arcs, de lances, de haches ; leur protection est assurée par des armures à écailles et des casques. Certains d’entre eux sont semi sédentaires mais leur âme est le nomadisme des troupeaux dans les hautes herbes de la steppe. Bien que l’on cite le nom de rois, les Scythes étaient une confédération de tribus ayant à leur tête un chef. De langue indo-européenne, ils ont une religion avec une déesse mère et une croyance en l’au-delà révélée par la fouille de leurs tombes, les “kourganes“. Ces derniers sont des tumulus qui parsèment toujours le sud de l’Ukraine et de la Russie : leur fouille met en évidence un gout pour l’or et un artisanat d’art de grande qualité.

Dans la mythologie grecque, les guerrières scythes sont les Amazones, mères des Sarmates. Leur valeur militaire est vantée ainsi que leurs luttes contre les héros grecs qui doivent les vaincre, les épouser et les tuer. Ainsi Hercule reçoit comme IXème travail de s’emparer de la ceinture d’Hyppolite, une reine des Amazones.

La Colchide recouvre la Géorgie actuelle ainsi qu’une partie de la cote anatolienne. Elle s’est formée à partir du Diaokhi dont elle a partagé une partie des terres avec l’Urartu, ancêtre de l'Arménie. Elle peuplée d'un alliance de tribus qui partagent la même culture transcaucasienne. Le pays est riche du fait de ses mines de fer, d'argent et d'or.

La mythologie grecque symbolise cette richesse par la "toison d'or". Il s'agit de la toison du bélier magique qui permet à deux enfants d'échapper au courroux de leur belle-mère et est offerte par eux au roi de Colchide, Éétès ; l'interprétation moderne penche pour une toison ayant servie à l'orpaillage et donc couverte de poussière d'or ! Le héros grec Jason doit pour retrouver son trône conquérir la toison : il part avec ses compagnons, les Argonautes. En Colchide, la fille d' Éétès, Médée, par amour de Jason lui permet de réussir les épreuves usant de ses pouvoirs de magicienne, trahissant ainsi son père. Jason et les Argonautes prennent la mer avec la toison et Médée les accompagne avec un frère en otage : elle le tue et le démembre pour protéger leur fuite. Plus tard, ayant épousé Jason, elle poursuit ses méfaits jusqu'à l'infanticide !

Ces peuples " barbares" des rives de la mer Noire sont des terriens et, hors la pêche littorale dans les limans, ne sont pas des navigateurs ni des marchands : suite aux mythes, ce sont des Grecs bien réels, navigateurs et marchands, qui vont transformer cette mer en une "mer grecque".

Mer des Grecs

De mer inhospitalière, cette mer devient au septième siècle avant notre ère, pour les Grecs, “mer hospitalière“ soit Pont-Euxin. Ce sont donc les noms grecs qui s’imposent :

- Hellespont pour les Dardanelles
- Propontide pour la mer de Marmara
- Bosphore pour… Bosphore
- Méotide pour la mer d’Azov
- Bosphore cimmérien pour le détroit de Kertch
- Chersonèse taurique ou Tauride pour la Crimée
- Ister pour le Danube
- Tyras pour le Dniestr
- Ypanis pour le Boug méridional
- Borysthène pour le Dniepr
- Tanaïs pour le Don.

Arrivée des Grecs sur les bords du Pont-Euxin

Les Grecs sont de grands navigateurs et ils s’établissent d’abord, au delà de la mer Égée, en Méditerranée occidentale, Adriatique, sud de l’Italie et Sicile (“Grande Grèce“). Ce n’est que vers le milieu du septième siècle avant notre ère qu’ils abordent le Pont-Euxin. Leur motivation est le commerce ; ces marchands recherchent des minerais (or, fer, argent, etc.), des nourritures (poissons salés, blé), du bois de construction, des produits exotiques venant de l’Asie et des esclaves ; ils les paient en monnaie et en objet d’artisanat (céramique, objets d’art).

Extension des colonies grecques. Source Wikipédia.

À partir du milieu du septième siècle, ce sont surtout les Grecs ioniens, établis sur la côte occidentale de l’Anatolie autour de Smyrne (Izmit d’aujourd’hui), qui créent les premières cités. L’objectif est d’établir une cité autour d’un port pour commercer avec les locaux, royaume ou tribu. L’objectif initial n’est pas de conquérir un vaste territoire et si l’on peut parler de “colonies“ grecques, il ne s’agit pas de “coloniser “un territoire mais de s’installer d’une manière pérenne dans ce que l’on peut comparer à un comptoir des époques ultérieures. La nouvelle cité devient rapidement autonome par rapport à la cité d’origine qui l'a créee. Puis les cités vont acquérir des terres arables dans leurs environs conduisant ainsi à une hellénisation des peuples voisins.

Les cités pontiques grecques. Source Wikipédia.

Ce sont les citoyens de Millet qui sont les plus actifs dans cette création de comptoirs en mer Noire. Cité-état, fondée vers -1085, Millet est avec Éphèse, la plus ancienne implantation grecque en Asie. Absente des colonies grecques en Méditerranée, Millet va prendre la première place en mer Noire. Le premier établissement se fait sur la côte anatolienne, en Paphlagonie, à mi-chemin entre le Bosphore et la Colchide (Géorgie) : Sinope (aujourd'hui, Sinop en Turquie) vers 630 avant J. C. La Paphlagonie est alors sous la domination de la Lydie du roi Crésus ; la Lydie est la puissance dominante de l'Anatolie occidentale ayant absorbée la Phrygie détruite par les Cimmériens alors que l'empire assyrien s'est effondré face aux puissances montantes que sont les Babyloniens et les Mèdes. Soit à partir de Millet, soit à partir de Sinope, d'autres colonies s'établissent sur la côte anatolienne comme, entre autres, Amisos (aujourd'hui Samsun en Turquie), Kotyora (Altınordu en Turquie), Trapézonte (Trabzon en Turquie).

À l'entrée de la mer Noire, Millet fonde Abydos (proche de Çanakkale, Turquie) sur la rive asiatique de l'Hellespont et, sur la rive asiatique de la Propontide, Cyzique. De cette dernière dépend l'ile de Proconnèse (ile de Marmara, Turquie) avec ses carrières de marbre. Millet crée également des colonies sur les autres rives de la mer Noire. Chez les Thraces, on cite Antheia renommée Apollonia (Sozopol en Bulgarie), Odessos (Varna en Bulgarie), Tomis (Constanţa en Roumanie), Istros (Istria en Roumanie). Chez les Scythes, se trouve Tyras à l'embouchure du Dniestr (Ukraine) puis, à l'embouchure du Dniepr et du Boug, l'ile de Borysthène (Bérézan en Ukraine) et sur la terre ferme, Olbia pontique. Plusieurs colonies s'établissent vers la mer d'Azov : Théodosie en Crimée avant le détroit de Kertch (Feodossia), sur le coté ouest de ce détroit, Panticapèe (Kertch en Crimée). En Colchide ce sont Pityos (Pitsounda en Abkhazie), Dioscurias (aujourd'hui Soukhoumi, capitale de l'Abkhazie), Phasis (Poti en Géorgie).

D'autres cités de la ligue ionienne établissent leurs propres colonies. Samos fonde sur la Propontide en Thrace, Périanthe. Phocée possède déjà de nombreuses colonies en Méditerranée (dont la future Marseille) et crée Lampsaque en terre lydienne sur la cote asiatique de l'Hellespont. Téos établit une colonie à l'entrée orientale de la mer d'Azov, Phanagoria ainsi que plus loin en presqu'ile de Taman, Hermonassa. D'autres ioniens créent Nymphaion en Crimée au sud de Panticapée.

À partir de la Grèce européenne, c'est Mégare, cité entre Corinthe et Athènes, qui pénètre vers le Pont-Euxin. Trois cités verrouillent le Bosphore : Astacos sur la rive sud de la mer de Marmara en Bithynie, Chalcedoine sur l'entrée asiatique du Bosphore également en Bithynie et Byzance, future Constantinople puis Istamboul/Istanbul. Une colonie est créée en terre thrace, Mésembria (aujourd'hui, Nessebar en Bulgarie). L'importante ville d'Héraclé du Pont sur la rive sud de la mer Noire en Bithynie croit et peut établir ses propres colonies : Calliatis (aujourd'hui Mangalia en Roumanie), Chersonèse future Sébastopol en Crimée.

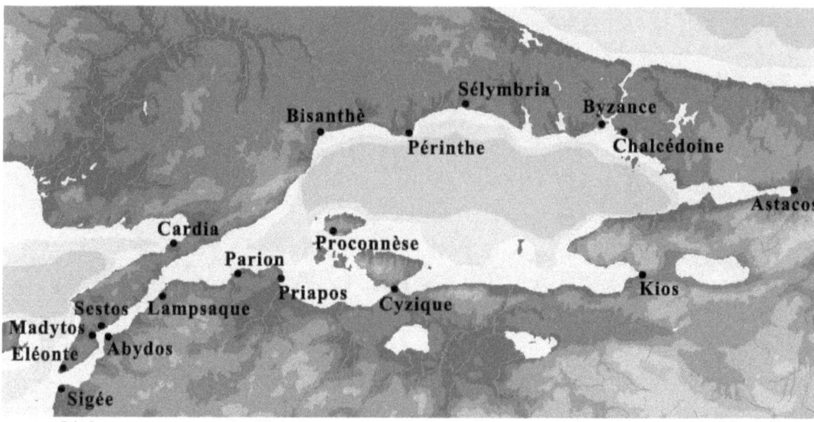

Cités grecques de l'Hellespont et de la Propontide. Source Wikipédia.

Ainsi grâce à leurs qualités de marin et de navigateur, les marchand grecs ont fait de la mer Noire et de ses mers annexes un "lac grec". Ces "Grecs pontiques" vont rester des acteurs clés de ces rivages pendant plus de deux millénaires et demi.

Les cités grecques recherchent des relations avec les peuples indigènes Scythes et Thraces avec lesquels elles commercent. Des échanges se font entre la civilisation grecque et les croyances "barbares".

La mer Noire des guerres médiques à Alexandre le Grand

Entre -550 et -465, trois grands rois établissent l'immense empire perse. Cyrus II le Grand bat les Mèdes ; puis il défait les Lydiens de Crésus. Il est ainsi maître de tout le bassin du Tigre et de l'Euphrate ainsi que de l'Anatolie ; les cités grecques ioniennes lui doivent tribut. Les Perses contrôlent toute la rive sud de la mer Noire. Darius Ier le Grand conquiert les iles grecques de la mer Égée, il traverse le Bosphore sur un pont de bateaux et bat les Thraces mais échoue devant les Scythes ; suite à la révolte des cités ioniennes, il attaque la Grèce mais est battu à Marathon (première guerre médique). Xerxès Ier travers l'Hellespont sur un pont de bateaux et attaque la Grèce (seconde guerre médique) : il gagne aux Thermopyles mais est battu lors de la bataille navale de Salamine puis de la bataille terrestre de Platées. L'empire perse couvre près de 7,5 millions de kilomètres carrés ; il reste une grande puissance et contrôle le sud de la mer Noire.

Les colonies grecques de la mer Noire sont parfois détruites par les Perses puis reconstruites et certaines d'entre elles perdent leur autonomie au sein d'une satrapie au sud de la mer Noire. Mais, les Athéniens qui dominent le monde grec disposent de la meilleure flotte, notamment les trirèmes, et ils empêchent ainsi la mer Noire de devenir un "lac perse". Par ailleurs, les peuples riverains changent : les Sarmates repoussent les Scythes vers l'ouest et la Crimée et les Daces s'intercalent entre les Scythes et les Thraces.

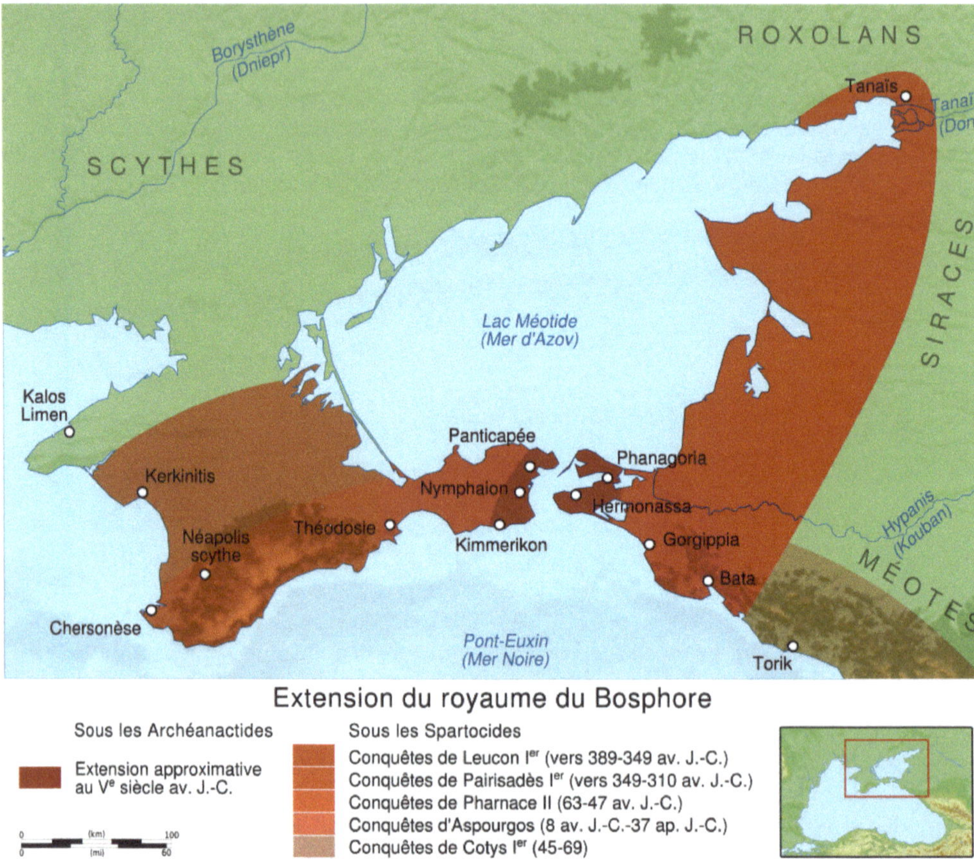

Le royaume du Bosphore. Source Wikipédia.

La création du royaume du Bosphore vers -480 autour de la mer d'Azov marque, pour certaines cités, le passage vers une ligue. Les cités grecques autour du détroit de Kertch sont en partie détruites lors de l'expédition de Darius contre les Scythes puis doivent se défendre contre ces mêmes Scythes. Le royaume du Bosphore (bosphore cimmérien, de nos jours détroit de Kertch) se constitue alors autour d'un dynastie d'archontes, les Archéanactides. L'histoire du royaume est mieux connue sous la dynastie suivante, les Spartocides d'origine grecque ou scytho-thrace hellénisée. Ils vont régner pendant plus de trois siècles. Le territoire initial du royaume se fait autour des cités, Panticapèe, Phanagoria, Hermonassa, la première étant la capitale. Une première expansion annexe les cités de Nymphaion et de Théodosie. Puis sont annexés des territoires "barbares" du Taman (actuel Krasnodar russe). Plus tard, ils fondent la ville de Tanaïs (aujourd'hui Azov) à l'embouchure du fleuve éponyme (aujourd'hui, le Don). Les Spartocides s'appellent archonte des Grecs et roi des barbares ; ils sont au sens de l'antiquité grecque des "tyrans". Le royaume compte une trentaine de cités et un arrière pays agricole. Il jouît d'une grande prospérité grâce au blé dont il est le fournisseur en quasi monopole pour Athènes ; il exporte également du poisson, des peaux, de la laine et importe du vin, de l'huile d'olive, des objets artisanaux et des articles de luxe. Il dispose d'une flotte et d'une armée de mercenaires.

L'histoire des colonies pontiques va suivre celle de la Grèce : hégémonie athénienne (entre -479 à -431) puis guerre du Péloponnèse (-431/-404) opposant Athènes à Sparte.

La victoire d'Athènes sur les Perses marque l'arrêt de la marche de ceux-ci vers l'ouest mais en aucun cas un affaiblissement de leur immense empire ; par contre, elle consacre la domination d'Athènes sur le monde grec. Ainsi s'ouvrent les cinquante ans de gloire athénienne : c'est l'époque de Périclès, Thémistocle, Phidias et bien d'autres. En -477, Athènes crée la Ligue de Délos avec les iles de la mer Égée, les villes ioniennes, de l'Hellespont et de la Propontide ; beaucoup des villes pontiques sont associées ou alliées. La grande force athénienne est sa marine et l'on peut parler de thalassocratie. Le trésor de Délos et les contributions des cités vassales font la fortune et la force d'Athènes. Athènes doit lutter contre Sparte et encore contre les Perses pour récupérer toutes les cités ioniennes. Le Pont-Euxin est plus que jamais une mer grecque, une mer athénienne.

À partir de -431, le monde grec est pris dans la guerre dite du Péloponnèse entre Athènes et la ligue de Délos et Sparte et la Ligue du Péloponnèse. Thucydide en est l'historien et son nom est associé maintenant au "Piège de Thucydide" qui caractérise une situation géopolitique où une puissance dominante et une puissance émergente entrent en guerre. Ce récit n'est pas le lieu de décrire cette guerre mais de constater les immenses pertes humaines et la défaite finale d'Athènes face à Sparte aidée par les Perses. Les cités grecques des Dardanelles et la mer de Marmara sont prises et reprises par les belligérants du fait de leur situation sur la route commerciale de la mer Noire.

À la fin de la guerre en -404, un équilibre s'établit entre les trois principales cités grecques, Athènes, Sparte, Thèbes, mais l'influence perse joue un rôle déterminant. Ainsi Xénophon, dans l'Anabase, raconte l'histoire des Dix-Mille : ce sont des guerriers grecs, spartiates et thébains, qui se mettent au service d'un roi perse vers -400. Après des aventures en Anatolie, ils essaient de rejoindre la Grèce : en arrivant près de Trébizonde, soulagés, ils poussent le fameux cri "Thalassa, Thalassa" en apercevant la mer Noire.

Les cités pontiques, hors du royaume du Bosphore, retrouvent leur autonomie mais doivent faire avec les peuples avoisinants. Au sud, il s'agit de s'entendre avec l'empire Perse, au nord les relations sont difficiles avec les Scythes alors qu'à l'ouest ce sont les Thraces du royaume des Odryses avec lesquels il faut s'accommoder. Quoi qu'il en soit, les cités-états grecques pontines conservent leur culture et leur prospérité.

Le grand événement de ce quatrième siècle dans cette partie de l'Europe est la montée en puissance du royaume de Macédoine. Deux grands rois marquent l'histoire du monde : Philippe II et Alexandre le Grand. Philippe établit l'hégémonie macédonienne sur toute la Grèce et conquiert la Thrace. Il appartient à Alexandre de faire l'unité de la Grèce de détruire l'empire Perse ce qui fait de lui le plus grand héros de l'antiquité. À sa mort en -323, l'immense empire macédonien borde la mer Noire à l'ouest avec la Thrace et au sud avec la Bithynie et la Paphlagonie. Toutes les cités grecques pontiques profitent de cette conquête d'Alexandre, même si elles ne sont pas directement dans son empire. Plus que jamais le Pont-Euxin est un lac grec. Byzance, qui a subi la rivalité entre Athènes et Sparte, résiste à Philippe de Macédoine mais doit reconnaître la suzeraineté macédonienne d'Alexandre. Odessos, l'actuelle Varna bulgare, résiste également à Philippe mais succombe devant Alexandre ce qui accentue sa prospérité commerciale entre Thraces et Greco-macédoniens. Olbia du Pont, sur l'embouchure du Boug et du Dniepr, réussit à repousser les troupes macédoniennes de Philippe et d'Alexandre et conserve son indépendance. Le royaume du

Bosphore conserve son indépendance et sa prospérité. Vers le Caucase, la Colchide est libérée des Perses par Alexandre et préfigure la future Géorgie. Sur la rive anatolienne de la mer Noire, Trébizonde, Sinope, Héraclée du Pont arrivent à maintenir leur autonomie face aux Perses puis aux Macédoniens.

La mer Noire hellénistique et l'arrivée des Romains

Suite à la mort d'Alexandre, ses généraux, les Diadoques, se disputent son héritage par des guerres incessantes entre -322 et -281. La fin de ces guerres voit la "Grande Expédition" des Celtes, souvent Gaulois, qui déferle contre le monde hellénistique en -280; finalement vaincus, ces envahisseurs se retirent et, pour certains, s'installent en Anatolie (les Galates) ou créent le temporaire royaume de Tylis en Thrace sur les rives de la mer Noire.

Ainsi vers -280, la mer Noire est bordée à partir de Byzance vers l'est par les principautés hellénistiques de Bithynie, de Paphlagonie et du Pont puis la Colchide entre le Pont et le royaume hellénistique du Bosphore. À partir de Byzance, vers l'ouest, le royaume hellénistique de Macédoine est bordé au nord par les Thraces du royaume des Odryses plus ou moins dominés ou alliés avec les Macédoniens. Entre les Thraces et le royaume du Bosphore, s'étendent les territoires Scythes, Daces et Sarmates. Les cités grecques pontiques s'intègrent dans ce nouveau monde et réussissent à conserver leur identité et une certaine autonomie. La civilisation et la langue dominante sont grecques. Quant à l'Hellespont, il est bordé au sud par le royaume de Pergame et au nord par la Macédoine.

À partir de -200, la nouvelle grande puissance méditerranéenne, Rome, veut étendre ses territoires vers la Méditerranée orientale. En trois guerres, de -214 à -197, Rome bat les Macédoniens et établit son protectorat sur la Macédoine et la Grèce. En Anatolie, le royaume de Pergame devient son allié et vassal. Plus tard, en -146 pour la Macédoine et la Grèce et en -133 pour Pergame, Rome annexe ces terres. Ainsi les Romains sont présents sur l'Hellespont et, en mer Noire, sur la rive macédonienne.

Le royaume du Pont de Mithridate VI à sa plus grande extension. Source Wikipédia

À partir de -296, s'établit dans la succession d'Alexandre, le royaume du Pont sur la rive anatolienne de la mer Noire. Civilisation hellénistique mais avec des accointances perses, le royaume a l'ambition de dominer la mer Noire grâce à sa flotte qui en fait une thalassocratie. Ses souverains, pour la plupart un Mithridate, élargissent le royaume. Le plus célèbre est Mithridate VI, qui règne à partir de -120, a 12 ans. Dans sa prime jeunesse, de peur d'être empoisonné, il crée sa résistance au poison en en consommant de petites quantités : c'est la mithridatisation ! Roi guerrier, il conquiert la Crimée et le royaume du Bosphore dont il devient roi. "Protecteur" des cités grecques pontiques, il domine ainsi la quasi totalité de la mer Noire. Puis il s'attaque à la Cappadoce (Anatolie), partage le royaume de Paphlagonie avec la Bithynie avant d'annexer celle-ci en -88. Mais la Cappadoce et la Bithynie sont des alliés de Rome ; de plus, Mithridate envahit la Grèce égéenne où il fait massacrer 80 000 Romains ("Vêpres asiatiques") ; enfin, fort de sa popularité, due notamment aux exactions des publicains romains (collecteurs d'impôts), il s'attaque à la Grèce et la Macédoine. Cela en est trop pour Rome !

De -89 à -85, les Romains sous le commandement de Sylla battent Mithridate et son allié arménien. Sylla anxieux de retourner à Rome pour faire face à son ennemi, Marius, propose une paix à Mithridate. Celui-ci doit renoncer à la Grèce et à ses conquêtes en Anatolie (province romaine d'Asie, Bithynie, Galatie, Phrygie, Paphlagonie, Cappadoce), payer des dommages et céder une partie de sa flotte mais il conserve le Pont et le Bosphore ainsi que la Crimée et la Colchide. La mer Noire est ainsi bordée par les alliés des Romains, Mithridate et les Daces.

De -83 à -81, la seconde guerre entre Mithridate et les Romains voit la victoire du roi du Pont qui repousse une tentative d'envahissement romaine. La paix est un statuquo. En -80, les Romains attaquent Mytilène dans l'ile de Lesbos qui s'est ralliée à Mithridate ; dans l'armée romaine se trouve un jeune patricien, Jules César ; on lui confie la mission de chercher de l'aide auprès du roi de Bithynie ; se faisant, il irait au delà de sa mission auprès du roi… d'où son surnom de "reine de Bithynie".

En -74, Rome s'approprie la Bithynie. Mithridate s'allie avec l'Arménie pour reprendre la guerre contre les Romains de Lucullus. Après de premières victoires, il est chassé de Bithynie et du Pont et se réfugie auprès de son allié arménien. Lucullus le poursuit mais est rappelé à Rome. Mithridate peut reconquérir son royaume du Pont mais les Romains ont un nouveau général, Pompée, qui vainc définitivement Mithridate qui se réfugie dans le royaume du Bosphore. Il doit faire face à la révolte des cités grecques puis à la trahison de son fils, Pharnace, et se suicide en -63, mettant ainsi fin à la troisième guerre. Il rejoint Hannibal dans la légende des grands ennemis de Rome.

Mais Rome n'en a pas encore fini avec le Pont. Pharnace devient, comme allié des Romains, roi du Bosphore. Mais rapidement, profitant de la guerre civile romaine entre Pompée et César, Pharnace entre en guerre pour reconquérir la Colchide, le Pont, la Cappadoce. Après de premiers succès, il doit faire face à Jules César, venu d'Égypte, qui le défait en -47 à Zéla suite à une campagne fulgurante que César résumera : "Veni, Vedi, Vinci". L'ouest du Pont et rattaché à Rome et l'est est donné à différents souverains successifs, clients de Rome.

Sur le territoire de l'actuelle Roumanie, un chef Burebista réussit à unifier les tributs daces de -82 à -42. Selon ses alliances, notamment avec Mithridate, il résiste aux Romains qui atteignent le Danube vers -76 et le défont finalement en -44. Ultérieurement en -29, Rome conquiert la Mésie, sud de l'ancien royaume de Burebista, et la transforme ensuite en province.

Vers -40, les rives de la mer Noire sont ainsi romaines directement ou par des rois alliés sauf vers le nord ouest où les tribus scythes et daces se maintiennent. Les nombreuses cités grecques pontiques conservent une certaine autonomie et, surtout, leur langue, leur civilisation et leur rôle marchand qui assure leur prospérité. La mer grecque est devenue gréco-romaine mais le pouvoir réel est romain.

Désormais l'histoire de la mer Noire est indissociable de celle de l'Empire romain établi en -27 par Octave après une longue lutte avec Marc-Antoine. Octave, devenu Auguste, est ainsi le premier des empereurs. Jusqu'en 235, on peut parler de la gloire de Rome : l'Empire atteint son apogée de taille et de puissance sous l'autorité de grands empereurs. De 235 à 395, l'Empire connaît des difficultés internes, la pression des invasions barbares et la poussée de la religion chrétienne : deux empereurs marquent l'histoire de leur empreinte, Constantin 1er et Théodose 1er. À partir de 395, l'Empire est définitivement partagé entre Empire romain d'Occident et Empire romain d'Orient : c'est ce dernier qui possède les terres pontiques ; il conserve l'héritage romain et prospère jusqu'à l'arrivée d'un nouvel ennemi, les arabes musulmans au milieu du 7ème siècle.

Sur la mer Noire, d'une manière générale, l'Empire romain possède les rives sud de l'Anatolie, le sud des rives est et ouest ainsi que la partie sud montagneuse de la Crimée. Les cités grecques pontiques connaissent un sort divers mais souvent sans la prospérité d'antan. La steppe envoie de nouveaux envahisseurs, les Huns, turco-mongols.

La gloire de Rome

De -27 à l'an 14 règne Auguste empereur. En Orient, après sa victoire sur Marc-Antoine et Cléopâtre, il doit faire face aux Parthes, seule vraie puissance capable de s'opposer à Rome. Après deux guerres, un accord de fait est conclu : Rome est libre de ses actions à l'ouest de l'Euphrate et les Parthes à l'est, l'Arménie restant une exception, indépendante des deux puissances. Autour de la mer Noire, Auguste établit la domination romaine soit par des provinces, impériales ou sénatoriales, intégrées dans l'Empire soit par des alliances avec des rois clients.

Provinces romaines en 14, à la mort d'Auguste. Source Wikipédia.

Le nord de la province sénatoriale d'Asie, donne à Rome le contrôle de la rive sud de l'Hellespont (détroit des Dardanelles) grâce à l'ancienne Mysie. La cité importante sur le détroit est la cité pontique, capitale de la Troade, Lampsaque ; ville prospère, elle devient ainsi gréco-romaine ! Les rives sud anatoliennes de la Propontide (mer de Marmara) et du Pont-Euxin (mer Noire) sont détenues sur la moitié ouest par la province sénatoriale de Bithynie et du Pont ; sa capitale est Nicomédie (actuelle Izmit en Turquie) promise à un grand avenir ; en Bithynie, Chalcedoine face à Byzance est le port du Bosphore et Héraclée du Pont un port à 200 kilomètres à l'est du Bosphore. La Mésie, vaste province impériale du Danube et des Balkans, acquiert un accès à la mer Noire entre les Thraces et les Daces ; sur la mer, la cité d'Odessos (Varna en Bulgarie) perpétue la présence grecque pontique.

À l'exception des Daces et des Scythes, l'Empire tient sous sa coupe les royaumes qui bordent le Pont-Euxin. La Thrace, royaume des Odryses s'étend du Bosphore à la Mésie : ce royaume est sous la tutelle romaine depuis la moitié du deuxième siècle avant notre ère. À l'entrée du Bosphore, deux villes pontiques sont présentes : Périanthe et Byzance, indépendantes sous la tutelle de Rome. À l'est de la Bithynie et Pont, un royaume client comprend le Pont oriental, la Colchide et le Bosphore cimmérien. De nombreuses cités grecques pontiques y prospèrent. Sinope, capitale du Pont de Mithridate, conserve sa prospérité et un statut privilégié. Trébizonde reste le port de référence de la rive anatolienne. Phanagoria, Panticapée et Chersonèse son les cités principales du Bosphore cimmérien. Avec les cités pontiques dans les terres daces et scythes, Rome acquiert ainsi la maitrise totale du Pont-Euxin. Les empereurs du premier siècle y assurent la dominance de l'Empire en transformant les entités vassales autour du Pont-Euxin en provinces romaines. En 17, Tibère inclut dans la Cappadoce le Pont oriental dit Polémanique. En 46, Claude crée la province sénatoriale de Thrace à la place du royaume des Odryses. Durant son règne (81-96), Domitien combat les Daces et conquiert la côte entre la Thrace et le delta du Danube. Il crée la Mésie inférieure pour la part de la Mésie riveraine du Pont-Euxin, par opposition à la Mésie supérieure. Les villes pontiques de Tyras (proche du liman du fleuve éponyme, aujourd'hui, le Dniestr), d'Odessos (Varna) et de Tomis (Constanţa) prospèrent et accueillent les éléments d'une flotte dédiée

Les légions dans les provinces et les flottes stationnées dans les ports assurent la domination romaine sur son empire. Sur mer, les Romains disposent de deux flottes ("Classis") principales pour l'Italie et la mer Méditerranée ; ces flottes sont équipées d'immenses galères à 6, 5, 4, 3 rangées de rameurs ; leur arme principale est leur éperon et elles peuvent aussi embarquer des catapultes. Pour la mer Noire, trois flottes provinciales assurent la présence romaine ; leur rôle est celui des garde-côtes actuels : police, lutte contre la piraterie puisqu'aucune puissance peut réellement s'opposer à Rome. En conséquence, leurs navires sont plus petits appelés "liburia" : navire à deux rangées de rameurs (birème) avec un mat central et une voile conservant toutefois une proue avec éperon. Trois flottes assurent la présence en mer Noire :

- "Classis Moesica" pour les bouches du Danube et la côte jusqu'à la Crimée
- "Classis Perinthia" pour la mer de Marmara et les côtes de la Thrace.
- "Classis Pontica", crée à partir de la flotte du Pont, pour l'entrée du Bosphore et les rives sud et est de la mer Noire.

De 96 à 192, la dynastie des Antoniens règne sur l'Empire et compte de grands empereurs : Trajan, Hadrien, Antonin, Marc Aurèle, Commode. Avec Trajan, l'Empire romain atteint sa plus grande extension. En deux guerres, il bat les Daces de Décébale et annexe la Dacie (future Roumanie) comme province romaine. Cette annexion protège la Mésie et notamment sa côte sur la mer Noire. Profitant du décès du dernier roi nabatéen, Trajan transforme également en province romaine le royaume de Pétra. Puis lors d'une campagne victorieuse contre les Parthes, Trajan conquiert l'Arménie et la Mésopotamie. Ces dernières victoires renforcent la tutelle qu'exerce Rome sur la Colchide. Avec le royaume client du

Bosphore et la tutelle des villes pontiques, Rome contrôle la mer Noire à l'exception de la steppe pontique laissée aux peuples nomades.

Empire romain vers la mort de Trajan. Source Wikipédia.

Hadrien qui succède à Trajan choisit une politique prudente de consolidation, marquée en orient par la paix avec les Parthes et le renoncement à l'Arménie et à la Mésopotamie. Il consolide la position défensive de l'Empire par l'institution de "limes". Féru de la civilisation grecque, il protège les cités grecques de l'Empire : ainsi Olbia du Pont est rebâtie et développée.

Alors que le règne d'Antonin le Pieux est un règne de paix, celui de Marc Aurèle va retrouver les conflits. Une nouvelle guerre contre les Parthes permet de reconquérir l'Arménie et la Mésopotamie pour l'Empire. Mais, fait nouveau, des tribus "barbares" germaniques, les Marcomans attaquent et franchissent la frontière danubienne : Marc Aurèle et ses généraux peuvent les repousser ; mais la Mésie et la Thrace subissent une invasion temporaire. Marc Aurèle est un fin lettré et il écrit en grec ses "Pensées". Son fils, Commode, dernier des Antonins, est le dernier empereur de la "Pax romana".

Après un intermède, la dynastie des Sévères (193-235) prend le pouvoir avec Septime et se termine avec Alexandre. En orient, ils doivent lutter avec succes contre les Parthes qui deviennent les Perses : l'enjeu est, comme avant, la Mésopotamie et l'Arménie. À la fin de leur règne, ils doivent lutter sur le Rhin et le Danube contre des tentatives d'invasion germanique comme celle des Alamans. La mer Noire reste une mer romaine.

Invasions et christianisme

De 235 à l'avènement de Dioclétien en 284, l'Empire subit la grande "crise du troisième siècle". L'anarchie militaire conduit à la succession d'environ soixante empereurs dont le règne ne dure parfois que quelques jours et qui finissent toujours mal ! Cette anarchie entraine des sécessions comme en Gaule et à Palmyre. L'Empire est en crise économique et financière mais, surtout, il est attaqué par les Germains sur le Rhin et le Danube et par les

Perses au Moyen-Orient. Vers la mer Noire, ce sont les Goths qui mènent la danse. De 249 à 284, les Romains sont en guerre cotre les Goths qui envahissent la Dacie, la Messie, la Thrace, le Pont, la Bithynie et descendent jusqu'en Grèce et sur la côte égéenne. Avant d'être difficilement refoulés, ils pillent et détruisent. Les villes pontiques sont victimes de ces hordes. Le pire est atteint vers 260. Sur le Bosphore, Chalcedoine est ruinée et, dans une moindre mesure, Byzance est atteinte. Les cités sur la côte de la Thrace et de la Messie sont conquises et détruites : Istros, Tyras, Olbia du Pont et bien d'autres. Les Goths et des Alains s'établissent dans la steppe pontique et dans toute la partie nord, steppique, de la Crimée ainsi qu'en Dacie. Les Goths occupent le royaume du Bosphore qui obtient en coopérant une certaine sauvegarde ; mais il doit fournir sa flotte aux Goths. Ceux-ci peuvent alors s'attaquer à la côte nord de l'Anatolie, Pont et Bithynie : les cités de Nicée, Nicomédie, Trébizonde sont pillées. La mer Noire est ainsi gothique !

C'est également à cette époque que les Chrétiens deviennent plus qu'une minorité. Les empereurs les persécutent parce que leur religion leur interdit le culte impérial à la différence d'autres croyances, comme l'égyptienne, qui se sont intégrées dans la religion romaine. Toutefois, l'empereur Gallien accorde en 260 un "édit de tolérance" qui ouvre une période de 40 ans appelée "la petite paix de l'Église". La chrétienté est surtout présente dans la partie hellénistique de l'Empire et en Italie du nord.

En 284, un général, Dioclétien, se proclame empereur et fait enfin régner l'ordre. Il partage le titre d'empereur (Auguste) avec un coempereur, Maximien Hercule tout en conservant la prééminence. Chaque empereur se fait aider par un César, Galère pour Dioclétien et Constance pour Maximien. C'est la Tétrarchie. Rome garde son importance mais n'est plus la capitale de l'Empire. Dioclétien prend en charge l'Orient, directement pour l'Asie et l'Égypte, à partir de Nicomédie et délègue à Galère l'Illyrie et le Danube à partir de Sirmium (aujourd'hui en Voïvodie serbe). Pour l'Occident, Maximien Hercule s'établit à Mediolanum (Milan) en charge de l'Italie, de l'Hispanie et de l'Afrique. Il délègue à Constantin Chlore la Gaule et la Bretagne (Angleterre) ; celui-ci établit son siège à Augusta Treverorum (Trèves). Ainsi la mer Noire est dans le domaine de Dioclétien et de Galère. Dioclétien bat les Alamans sur le Rhin, les Goths/Daces sur le Danube et les Perses Sassanides sur l'Euphrate : l'Empire est reconstitué à l'exception des Champs Décumates et de la Dacie.

Dioclétien réorganise l'armée, l'administration, les finances. Il revoit les frontières des provinces souvent en les fracturant pour mieux les gouverner. Autour de la mer Noire, cela donne

- à partir de la Bithynie et Pont, la Bithynie (capitale Nicomédie) et la Diospontus (capitale Amasée avec la ville de Sinope),
- à partir de la Cappadoce, l'Arménie mineure (capitale Sébaste aujourd'hui Sivas en Turquie) et le Pont Polémanique (Néo Césarée aujourd'hui Niksar en Anatolie turque)
- à partir de l'Asie, l'Hellespont avec Cysique,
- à partir de la Galatie et de la Bithynie et Pont, la Paphlagonie (capitale Gangra aujourd'hui Çankırı en Anatolie turque)
- à partir de la Mésie, la Mésie supérieure et, près de la mer Noire, la Mésie Inférieure (capitale Marcianopolis, créée par Trajan) et la Scythie mineure (Tomis future Constanţa)
- à partir de la Thrace, l'Europe sur la rive nord de la mer de Marmara et des Dardanelles (capitale Héraclée de Thrace avec la ville de Byzance) et la Hæmimont (capitale Andrinople fondée par Hadrien, aujourd'hui Edirne en Turquie).

Les provinces sont regroupées en douze "diocèses" (le terme est en ce temps administratif et non religieux) avec plusieurs provinces. Les diocèses sont regroupés sous l'autorité de quatre "préfectures du prétoire".

Ainsi, avec la tutelle sur les royaumes de Colchis et du Bosphore, Dioclétien avec Galère exerce le pouvoir romain sur les rives de la mer Noire à l'exception des steppes pontiques entre le delta du Danube et les Monts de Crimée, domaine des Goths qui ont chassés les Scythes et les Sarmates.

L'abdication de Dioclétien et Maximien Hercule en 305, entraine la promotion comme augustes de Galère pour l'Orient et de Constantin Chlore pour l'Occident dans une nouvelle tétrarchie. Le décès rapide de ce dernier entraine une période de guerres civiles entre les candidats aux fonctions suprêmes. Ainsi Constantin (futur Constantin Ier), fils de Constantin Chlore, devient le César de l'Occident à Trèves et Maxence, fils de Maximien Hercule, s'érige en Auguste de l'Occident ! S'ensuit une guerre civile entre les légions des différents protagonistes. Finalement en 308, une nouvelle tétrarchie est établie : Galère est Auguste de l'Orient et "primus augustus" avec un fidèle comme César, Maximin Gaïa, et Licinius (un autre fidèle de Galère) Auguste de l'Occident avec Constantin comme César. Ce n'est pas fini car Maxence tient toujours Rome. Avant sa mort en 311, Galère s'attribue tout l'Empire avec Constantin pour l'Occident et un duo Licinius/ Maximin Gaïa pour l'Orient. Ce sont eux qui détiennent donc le pouvoir à partir de 311 et la fin de la tétrarchie.

Durant toute cette époque de la tétrarchie, le christianisme accroit sa diffusion surtout en Orient et en Afrique. Mais en 303/304, Dioclétien lance une nouvelle grande persécution, rompant ainsi la "petite paix de l'Église". Juste avant sa mort, Galère met fin à cette persécution par "l'édit de Sardique" (Sardique, aujourd'hui Sofia) qui reconnaît le culte chrétien sous condition du soutien à l'état dans leur religion. On estime que les chrétiens représentent alors vers 10 % des habitants de l'empire avec une surreprésentation en Orient et en Afrique.

Les nouveaux empereurs doivent affirmer leur pouvoir. En 312, Constantin défait l'usurpateur Maxence au Pont Milvius : une vision lui dit "Par ce signe, tu vaincras" en lui présentant les initiales du Christ en grec ; Constantin se convertit. En 313, Constantin et Licinius se rencontrent à Milan pour définir leurs territoires : à cette occasion, ils promulguent "l'édit de Milan" qui confirme et consolide la liberté de culte notamment pour la chrétienté. La même année, Licinius se débarrasse de Maximin Gaïa. Constantin à l'Occident et Licinius à l'Orient sont coempereurs et... rivaux !

En 316/317, Constantin attaque et défait Licinius ; un accord est trouvé qui, de fait, donne le pouvoir suprême à Constantin mais conserve l'Orient à Licinius qui garde la rive occidentale de la mer Noire (Thrace, Mésie, Scythie). En 324, les hostilités entre les deux reprennent. Licinius est battu lors de la sanglante bataille d'Andrinople. Constantin fait le siège de Byzance et sa flotte bat celle de Licinius dans l'Hellespont et la Propontide. Après la chute de Byzance, Constantin passe en Asie et défait totalement Licinius à la bataille de Chrysopolis au sud de l'actuelle Bursa en Turquie. Licinius se rend et est envoyé à Thessalonique où il sera exécuté avec sa famille. C'est la fin de la dyarchie et Constantin Ier devient seul empereur.

L'œuvre de Constantin est considérable.

- Réorganisation administrative et primauté du pouvoir central.
- Des lois redéfinissent les règles sociales : repos dominical, respect du mariage, adoucissement de l'esclavage.
- Réformes économique et monétaire : le "solidus" en or remplace l'"aureus" dévalué.
- Réorganisation de l'armée, notamment en intégrant plus de "barbares".
- Défense de l'Empire sur le Rhin et le Danube et face aux Perses.

Mais il faut mettre en avant la reconnaissance du christianisme comme religion d'état. Sa mère, Hélène joue un grand rôle : elle se convertit et proclame un apostolat qui la conduira à Jérusalem ; Constantin en fait une impératrice et la religion en fera une sainte. Constantin lui-même ne recevra le baptême que proche de sa mort. Il se considère comme chef de l'état et comme protecteur suprême de l'Église. C'est ainsi qu'en 325, il convoque et préside le Concile de Nicée en Bithynie qui condamne l'arianisme ; ce concile proclame le “Symbole de Nicée”, confession de foi chrétienne et credo catholique.

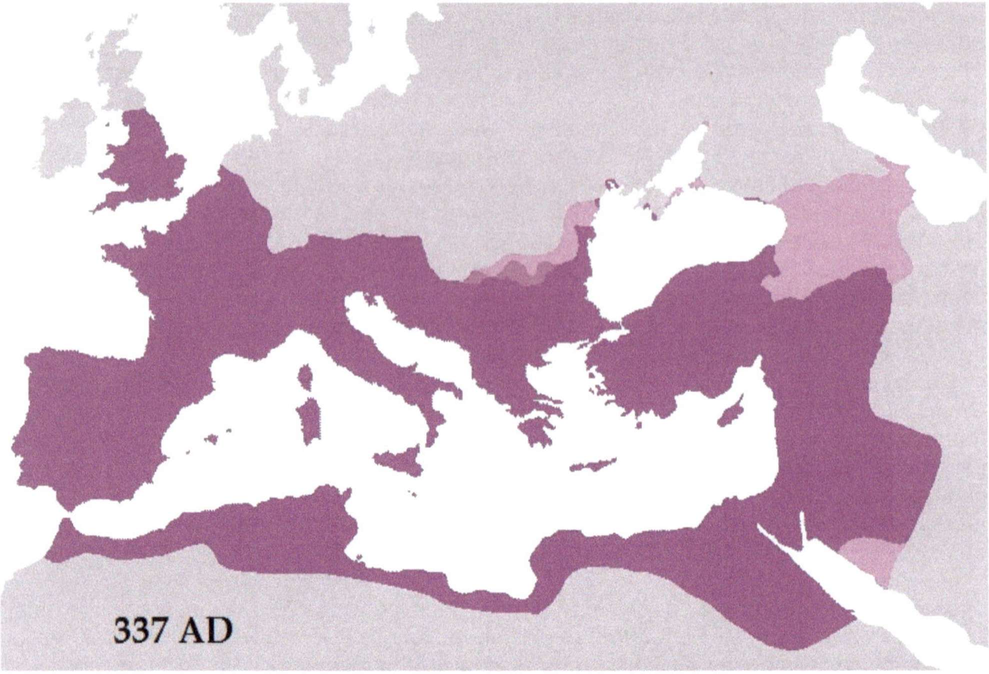

L'empire de Constantin. Source Wikipédia
La mer Noire est dans la préfecture de l'Orient avec deux diocèses (Thrace, Pontique).
Huit provinces plus deux royaumes vassaux la bordent.

Couronnant son œuvre, en 330, Constantin inaugure une nouvelle capitale de l'Empire sur le site de Byzance et lui donne son nom, Constantinople. C'est la nouvelle Rome avec ses sept collines, sa Corne d'Or, ses églises et palais. Avec près de 100 000 habitants, elle est la capitale d'un Empire d'environ 70 millions de personnes. La langue officielle de l'Empire est le latin mais le grec qui a largement survécu reste d'usage courant avant de supplanter, plus tard, le latin.

De 327 à 363, les fils et un neveu de Constantin Ier règnent sur l'Empire à partir de Constantinople. Ils doivent lutter contre les Germains sur le Rhin et les Goths et Sarmates sur le Danube. La menace de l'empire Perse s'accroit et il faut céder sur l'Arménie. D'un point de vue religieux, l'arianisme devient plus important surtout à l'Occident et le dernier des quatre constantiniens relance la lutte contre le christianisme ce qui lui vaut le surnom de Julien l'Apostat.

De 364 à 395, deux empereurs, Valens et Théodose Ier, règnent sur l'Orient et, seulement pendant quatre ans, Théodose sera le dernier empereur régnant sur l'0ccident et l'Orient (392-395). D'un point de vue religieux, Valens est arien et Théodose nicéen : ce dernier fait triompher le christianisme nicéen et interdit les religions païennes. La situation économique de l'Empire se dégrade du fait des luttes extérieures. En effet l'Empire est menacé par les Goths germaniques en Europe et par les Perses sassanides en Asie.

Vers 370, les Huns, fédération de peuples turco-mongols nomades des steppes migrent vers l'ouest et chassent les Alains, peuple iranien scythique, et les Ostrogoths du nord de la mer Noire. Le royaume du Bosphore disparaît. Les Ostrogoths (ou Greutinges) n'ont d'autre choix que de franchir le Danube vers les Balkans, puis ce sera l'Italie ; certains d'entre eux restent en Crimée. De même, les Wisigoths (ou Tervinges), installés depuis la fin du troisième siècle en Dacie, franchissent le Danube et entrent dans les Balkans avant de rejoindre l'Espagne en passant par l'Italie. Les Goths sont christianisés mais ariens.

L'empereur Valens doit faire face en 367-369 à une première guerre contre les Wisigoths sur le Danube. Il arrive à les battre et signe une paix de compromis par laquelle les Wisigoths fournissent des contingents à l'armée romaine. Mais la poussée des Huns conduit à une seconde guerre (376-378) contre les Ostrogoths et les Wisigoths réunis et appuyés par des Huns et des Alains. Ces troupes barbares envahissent la Thrace et la Macédoine : Valens les affronte à Andrinople (Edirne actuelle), est battu et meurt sur le champ de bataille. L'empereur d'Occident qui fait face aux invasions sur le Rhin nomme un général espagnol, Théodose, empereur d'Orient. Celui-ci contient l'invasion des Goths mais il est obligé de leur céder la Pannonie, la Mésie et la Thrace en contrepartie d'un engagement à défendre les frontières.

Face aux Perses, Valens doit mener une guerre permanente autour de la suzeraineté sur l'Arménie. Théodose préfère une paix de compromis mais la plus grande partie de l'Arménie est sous contrôle perse.

La mer Noire reste une mer romaine car les peuples non soumis comme les Huns sont terriens. À partir des côtes sud, les Romains peuvent déployer leur flotte et garder le contrôle de la mer. Constantinople est la capitale et la gardienne du Bosphore. Les cités pontiques connaissent des sorts différents. Celles situées en terres romaines prospèrent : Trébizonde, Sinope, Nicomédie, Odessos, Tomis, Chersonèse, Panticapée. Tyras devra être reconstruite et Olbia disparaît.

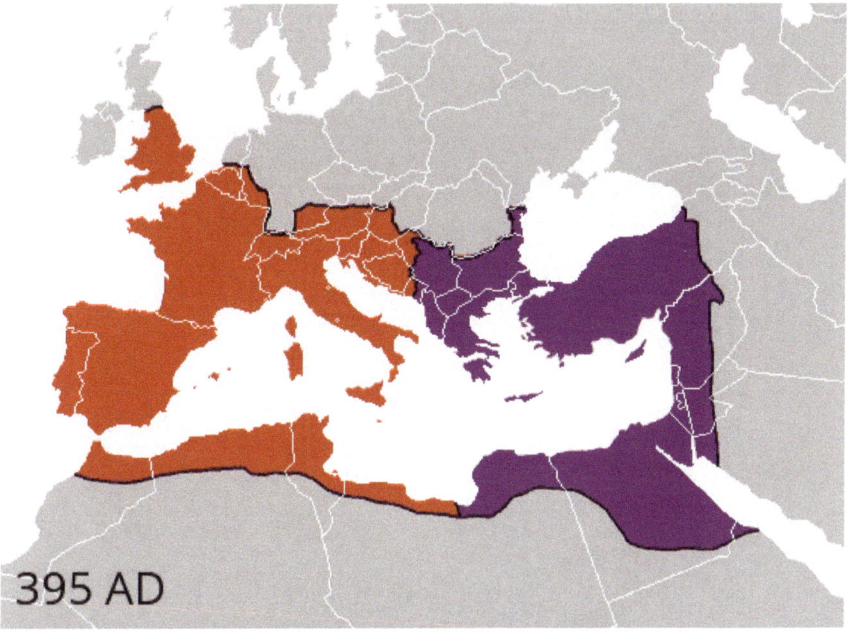

Empires d'Occident et d'Orient. Source Wikipédia.

L'Empire romain d'Orient jusqu'au septième siècle

L'Empire romain d'Orient va exister pendant plus de mille ans à partir de l'an 395. Il devient Empire romain tout court en 476 quand l'Empire d'Occident disparaît. Le terme "Empire byzantin" n'est utilisé par les historiens qu'à partir de l'époque moderne. Quoi qu'il en soit, les gouvernants et habitants de cet empire se considéreront toujours comme les vrais "romains" même si au septième siècle le grec, qui a toujours subsisté largement, devient la langue officielle. Le christianisme est religion d'état...mais quel christianisme, arien, nicéen, monophysite?

Jusqu'en 457, la dynastie théodosienne règne. Elle réussit à contenir les Perses, à éloigner les Goths et, en acceptant de payer un tribut, les Huns. Ainsi les Goths et les Huns privilégient d'attaquer l'empire d'Occident ! Cette politique permet une prospérité fondée sur l'économie marchande. Théodose II, empereur sous l'influence de sa sœur Pulchérie et de son épouse Eudoxie, reste connu pour son code juridique et la construction de la grande muraille de Constantinople. Il lui faut aussi défendre la foi nicéenne face au nestorianisme et au monophysisme.

De 457 à 518, une dynastie thrace règne. Ces empereurs interviennent de nombreuses fois dans l'empire d'Occident y compris après l'établissement des Ostrogoths en Italie après 476. Ils doivent faire face aux querelles religieuses et trouver un modus vivendi avec le pape de Rome. Leurs règnes sont marqués par de nombreuses révoltes et usurpations. Le dernier empereur de la dynastie, Anastase Ier, renforce la défense des Balkans sous la menace de nouveaux arrivants, les Proto-Bulgares peuples turcophones de la steppe ; il conforte la défense de Constantinople par un mur soixante kilomètres à l'ouest de la ville. Il réussit à limiter la puissance du royaume italien ostrogoth notamment en s'alliant avec leurs ennemis, Burgondes, Lombards et... les Francs de Clovis. Enfin il mène une guerre contre les Perses et stabilise la frontière entre les deux empires. Bon gestionnaire, il rénove la fiscalité et la politique douanière. Sa politique profite à tout l'Empire d'Orient et donc aux terres pontiques. Mais c'est à l'époque de cette dynastie que s'effondre l'Empire d'Occident : sac de Rome par les Wisigoths en 410 et par les Vandales en 455, fin de l'Empire d'occident en 476.

Royaume du Lazique. Source Wikipédia.

De 518 à 610, c'est la dynastie justinienne qui gouverne. Sur la mer Noire, l'Empire doit batailler avec les Perses pour la domination sur le royaume du Lazique et ce malgré la paix de 440. Ce royaume qui a pris la succession de la Colchis est christianisé et est un client de l'Empire romain. Vers 522, une guerre victorieuse contre les Perses permet d'affirmer le rôle majeur de l'Empire sur le Lazique ce qui conforte la position romaine sur la mer Noire.

Le second empereur de la dynastie est le plus important : Justinien Ier règne de 527 à 565. Appuyée par son épouse, Théodora, qu'il fait impératrice, il tente de recomposer l'Empire romain en Occident, il rénove l'organisation et les lois de l'Empire et il consacre le rôle du christianisme.

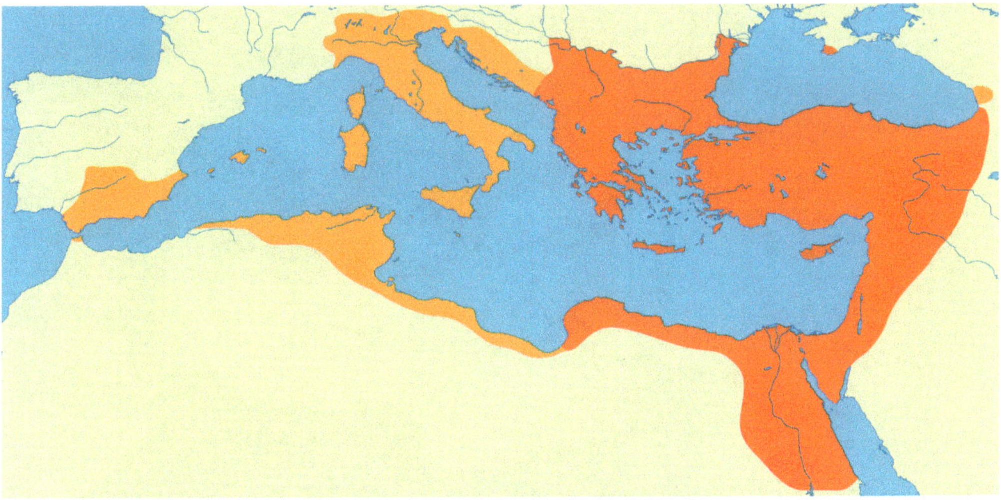

L'Empire de Justinien. Source Wikipédia.

Sa politique extérieure est victorieuse jusqu'en 540. Appuyé par de grands généraux comme Bélisaire, il peut mener une politique défensive face aux "barbares" sur le Danube et face aux Perses à l'est et une politique offensive qui lui permet de conquérir l'Afrique du Nord contre les Vandales, l'Italie contre les Ostrogoths.

Mais de 540 à 562, une offensive des Perses entraine une nouvelle guerre couteuse mais in fine victorieuse : le royaume du Lazique devient une province romaine avec une vue sur les Abkhazes. Dans les Balkans, de nouveaux peuples envahissent l'Empire : les Koutrigoures (peuple des steppes), les Slaves, les Bulgares ; ils pillent jusqu'à la Grèce et arrivent devant les murs de Constantinople avant d'être vaincus. Ces invasions touchent beaucoup de villes pontiques. Pour maintenir la domination sur la mer Noire, Justinien conforte l'alliance avec les Goths chrétiens qui occupent la steppe de la Crimée et renforce le thème de Cherson (Chersonèse) correspondant à la partie sud ouest de la Crimée. Avec les possessions anciennes (Macédoine, Thrace, Bithynie, Pont), le contrôle de la mer est assurée ; une flotte importante est dédiée. À l'Occident, des révoltes éclatent en Afrique et, en Italie, les Ostrogoths attaquent, prennent et pillent Rome avant d'être à nouveau vaincus. Ces guerres n'empêchent pas Justinien de s'attaquer aux Wisigoths et de conquérir en Espagne la Bétique, future Andalousie.

Mais Justinien est aussi un grand administrateur. C'est ainsi que le "code justinien" sera le fondement du droit dit romain dans tout l'Europe. C'est également lui qui fait édifier la basilique Sainte-Sophie, telle qu'elle existe aujourd'hui… comme mosquée ! Dernier grand empereur de culture et de langue latines, il est reconnu comme le tenant d'une foi chrétienne nicéenne et universelle. Toutefois son règne est marqué par une pandémie dite "peste de

Justinien" qui dépeuple l'Empire : dans sa partie orientale, la population passe de 26 millions à moins de 20.

Les successeurs de Justinien vont devoir défendre l'Empire sur plusieurs fronts. À l'est, c'est une guerre quasi permanente contre les Perses sassanides avec pour objet principal le contrôle de l'Arménie et de la Mésopotamie. Dans les Balkans et sur le Danube, il s'agit de maintenir hors de l'Empire les Avars et les Slaves. À l'occident, les Lombards reconquièrent une partie de l'Italie et les Wisigoths une partie de l'Andalousie. Finalement, sont crées des exarchats pour l'Italie à Ravenne et pour l'Afrique et l'Ibérie à Carthage.

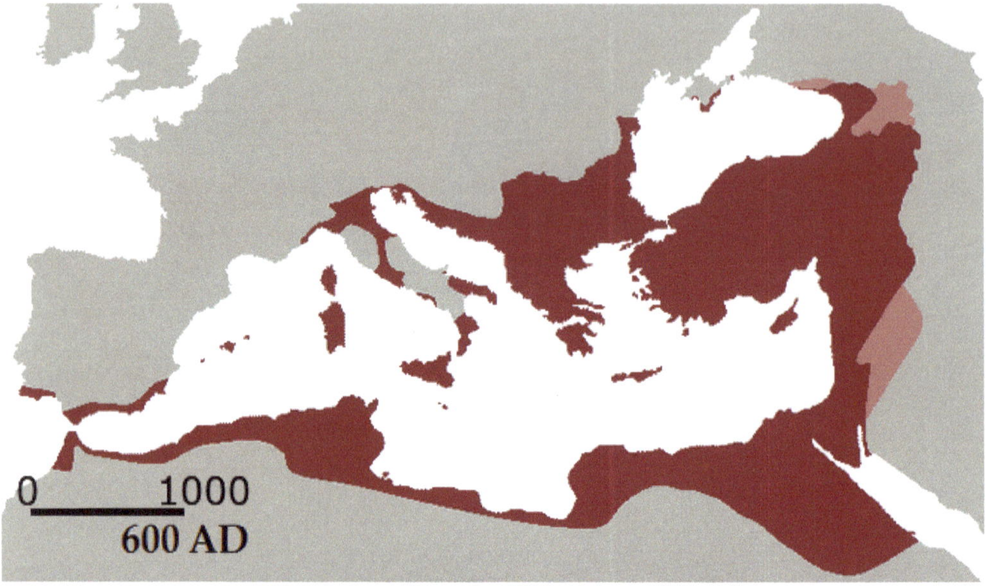

L'Empire romain en l'an 600. Source Wikipédia.

La mer Noire est toujours une mer romaine. Seule la steppe pontique est dominée par le peuple turco-mongol des Avars. La puissance navale est romaine. Sur les rives romaines, les villes gréco-pontiques prospèrent bien que celles coté Balkans subissent des raids barbares. Sur les bords de la steppe, seules subsistent les villes du sud de la Crimée et quelques avant-postes comme Tyras à l'embouchure du Dniestr.

Mer byzantine

En 610, un nouvel empereur d'Orient, Héraclius, rompt avec le passé, le grec devient langue officielle et lui-même devient "basileus". En reprenant le néologisme du dix-neuvième siècle, on peut nommer l'Empire de "byzantin" bien que ses habitants se voient toujours "romains". En 1204, les Croisés latins et les Vénitiens conquièrent Constantinople et l'Empire disparaît pour un temps. Entre ces deux dates, l'Empire connaît crises et renouveaux face à de nouveaux ennemis, arabes, bulgares, normands, turcs, varègues. La mer Noire voit s'établir sur ses rives occidentale et nordique de nouvelles entités. La religion est secouée par l'apparition de l'Islam et, pour la chrétienté, par la rupture définitive avec Rome.

L'effondrement byzantin du septième siècle

En 610, Héraclius arrive au pouvoir et fonde la dynastie des Héraclides qui se poursuit jusqu'en 711. Il doit faire face à la grande guerre contre les Perses et à la poussée des Slaves et des Avars sur le Danube. Après de lourdes défaites et, en 626, le siège de Constantinople par les Avars, alors que les Perses ont atteint le Bosphore, il retourne la situation et reconquiert les terres perdues. En occident, les Lombards sont une menace permanente et l'Empire, en 624, perd, face aux Wisigoths, Carthagène sa dernière possession en Espagne. Autour de 630, une période de paix permet de grandes réformes : grec reconnue langue officielle, titre de basileus au lieu d'empereur, création de l'organisation territoriale par "thèmes", etc. Ainsi se confirme une civilisation "byzantine" fondée sur l'héritage romain, la culture hellénistique et une foi chrétienne propre en conflit avec Rome. La steppe pontique au nord de la mer Noire est alors occupée par les "Proto-Bulgares" et l'ouest caucasien par les Göktürk avec lesquels l'Empire engage un pacte contre les Perses. Ces guerres, leurs dégâts et leur cout, entrainent une époque de crise notamment pour les villes pontiques.

La marine impériale est l'héritière des marines grecque et romaine : elle est un des points forts de l'Empire. C'est quand la marine est forte que l'Empire réussit : Héraclius renforce cette marine qui a pour vocation essentielle la Méditerranée mais qui est aussi déployée en mer Noire. Dans le passé récent, il avait fallu lutter contre la flotte des Vandales et reprendre les navires saisis par les Goths. L'avenir réserve de s'opposer aux flottes de peuples marins, les Arabes puis les Normands. Succédant aux trières et trirèmes, le navire amiral de la flotte est le dromon. Existant en différentes tailles, les plus grands d'entre eux mesurent 50 mètres. Ce sont des navires à la fois avec des voiles et des rameurs en deux rangs : chaque navire comporte une centaine de rameurs (qui ne sont pas des esclaves) et deux cents marins-soldats. Le navire est équipé d'un éperon mais ses armes favorites sont la catapulte et le "feu grégeois". Celui-ci est un mélange incendiaire que l'eau ne peut éteindre, sa composition est toujours secrète ! Le mélange est projeté par des grenades ou par des siphons, portables ou fixes. Son effet est terrifiant : les Byzantins auraient ils inventé le napalm ?

En 632, un événement de portée mondiale est la mort du prophète arabe Mahomet, fondateur de la nouvelle religion monothéiste, l'Islam. Immédiatement, ses nouveaux fidèles arabes s'élancent à la conquête physique et religieuse des terres des deux empires situés à leur nord : les Perses zoroastriens et les Byzantins chrétiens. Entre 637 et 651, ils conquièrent et détruisent l'empire perse sassanide et convertissent l'essentiel des populations. Les Byzantins sont également vaincus et, entre 635 et 642, perdent la Syrie, la Palestine, l'Arménie, la Mésopotamie et l'Égypte : les populations sont converties.

Dans les Balkans, les Slaves passent le Danube. Les ancêtres des Serbes et des Croates s'installent dans leurs terres d'aujourd'hui. Malgré l'affaiblissement des Avars, la situation est tragique pour l'Empire. En 641, Héraclius meurt dans un climat de doute et de crise.

De 641 à 711, les Héraclides, légitimes ou usurpateurs doivent faire face à l'accentuation des poussées extérieures en orient et en occident. Les arabes musulmans poursuivent leurs offensives : conquête du Maghreb où l'Empire perd sa dernière possession, Carthage, en 698, expéditions en Anatolie allant jusqu'au siège de Constantinople en 674/678, condominium byzantino-arabe à Chypre. En Italie, les Lombards sont toujours menaçants et les terres byzantines se réduisent. Dans le nord des Balkans, les Proto-Bulgares se fondent avec des Slaves et des Thraces pour donner naissance, en 681, au premier état bulgare sur la rive sud du Danube. Dans la steppe pontique, un nouveau peuple nomade turcophone arrive, les Khazars : curieusement une partie d'entre eux se convertit au judaïsme qui deviendra leur religion d'état.

Ce sont les Héraclides qui structurent l'Empire en "thèmes", dirigés par un stratège qui cumule les fonctions de chef civil et militaire y compris sur une flotte "thématique". En mer Noire, les marines impériale et thématiques maintiennent la domination byzantine.

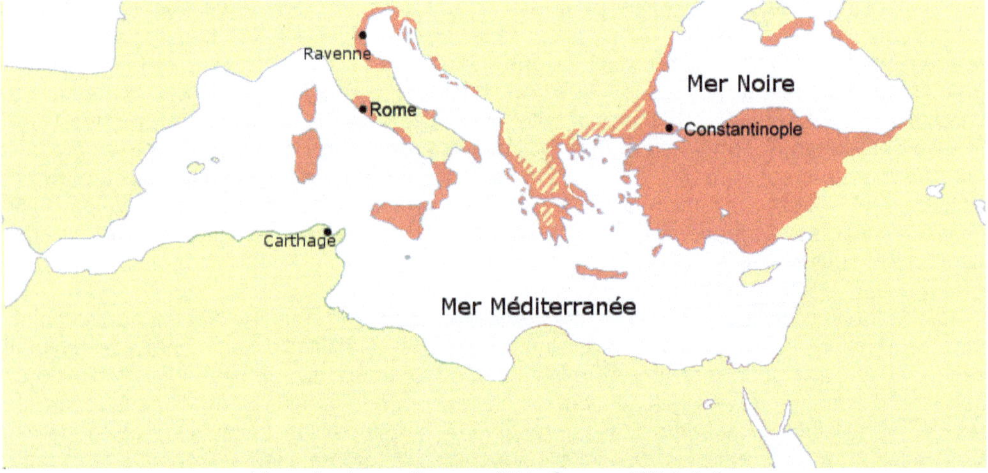

L'empire byzantin vers 711. Source Wikipédia.

Consolidation byzantine du huitième siècle et de la première partie du neuvième

Après des années de chaos, une nouvelle dynastie byzantine s'installe en 717 avec Léon III, l'Isaurien. Cette dynastie va se perpétuer jusqu'en 802. Elle devra faire face aux Lombards en Italie, aux Arabes en orient et en Méditerranée, aux Bulgares dans les Balkans et aux Khazars dans la steppe pontique.

Dès 717/718, les Arabes assiègent Constantinople ; Léon III s'allie avec le khan des Bulgares, Tervel, et utilise le feu grégeois de la flotte pour vaincre les envahisseurs. Les Arabes continueront leurs raids mais un accord avec les Khazars permettra de les contenir sur le front oriental. En Méditerranée, ils menacent la Sardaigne et la Corse alors que les Lombards accroissent leurs terres aux dépens de l'Empire. Dans l'Empire, le basileus proclame l'iconoclasme et promulgue un nouveau code. Ce code, dit Écloga, est écrit en grec et non en latin ; entre autres, il diminue les cas d'application de la peine de mort mais codifie des mutilations, ablation du nez ou de la langue, aveuglement, amputation de la main.

En 741, Constantin V succède à son père. Il réussit à arrêter la progression arabe, notamment en profitant du remplacement des Omeyyades à Damas par les Abbasides à Bagdad en 750. En Italie, l'Empire perd Ravenne et tout le nord, ne conservant que les Pouilles, la Calabre et la Sicile. Les Bulgares sont la menace principale : il faut neuf guerres pour les maintenir à distance et sauver la Thrace et la Macédoine qui sont repeuplées de colons grecs déplacés suite aux invasions arabes. Mais la mer Noire reste une mer byzantine car ni les Bulgares, ni le Khazars ne possèdent de flotte conséquente ce qui n'est pas le cas en Méditerranée où les Arabes sont de redoutables marins. En politique intérieure, Constantin crée les "tagmata" : ce sont des régiments impériaux par opposition aux forces thématiques dépendantes des stratèges de thème. D'un point de vue religieux, il renforce l'iconoclasme par la violence et les persécutions. Il meurt en 775.

Dès lors, la scène byzantine va être dominée par Irène. Épouse de Léon IV, fils du précédent, puis régente de son fils Constantin VI elle devient seule "basileus", au masculin, en le faisant assassiner. Partisane des icones, elle lutte contre l'iconoclasme ce qui en fera une sainte. Durant cette période, les luttes continuent contre les Bulgares et les Arabes mais le statuquo territorial est maintenu. En occident, Charlemagne devient empereur des Romains au grand dam des Byzantins : un projet de mariage entre lui et Irène aurait été évoqué pour refaire l'unité de l'Empire ! Des défaites militaires et ce projet conduisent, en 802, à sa destitution. En mer Noire, sont byzantines les rives anatolienne, macédoine, thrace plus la côte sud de la Crimée et le détroit de Kertch. La rive ouest, entre la Thrace et le Danube est bulgare alors que la steppe pontique est khazar.

Pour succéder à Irène, c'est son "logothète général" (ministre des Finances), Nicéphore qui est choisi par les haut dignitaires qui l'ont aidé pour destituer la Basileus. En effet, la règle et la coutume byzantines n'est pas l'obligation de respecter la loi du sang. Si l'empereur peut ériger un de ses fils ou de ses parents directs comme coempereur pour espérer qu'il lui succède, il existe toujours la possibilité qu'un général ou un dignitaire se proclame empereur : s'il réussit, il est basileus, s'il échoue, c'est un usurpateur ! C'est ainsi que Nicéphore Ier règne de 802 à 811.

Le premier royaume bulgare dans la seconde partie du neuvième siècle.
Source Wikipédia.

Il doit faire face à une puissante offensive arabe menée par le calife des mille et une nuits, Haroun ar-Rachid, offensive en Anatolie qu'il réussit à contenir. À l'occident, la rivalité avec Charlemagne s'accentue en Italie ; finalement, Byzance peut conserver sa tutelle sur Venise et la Dalmatie. L'essentiel de la politique extérieure de Nicéphore est la lutte dans les Balkans contre le Khanat bulgare. Les Bulgares sont alors dirigés par le khan Kroum. Après des victoires bulgares, c'est au tour des Byzantins d'atteindre la capitale bulgare ; au retour, l'armée byzantine est détruite dans une embuscade et Nicéphore est tué. On dit que Kroum fit entourer son crane d'argent pour en faire une coupe pour sa boisson !

Après une période de troubles entre 811 et 813, c'est un général arménien qui est proclamé empereur, Léon V. Suite aux défaites, face aux Bulgares, de Nicéphore et de ses successeurs, il réussit à les vaincre : Byzance reconnaît l'état bulgare et une paix est trouvée entre les deux adversaires. Fervent iconoclaste, il rétablit la condamnation du culte des icones. À la Noël 820, il est assassiné dans Sainte Sophie par les partisans d'un général, Michel, qui devient ainsi l'empereur Michel II, également iconoclaste. Michel doit vaincre, avec l'aide des Bulgares, un général concurrent, Thomas ; il le fait empaler après lui avoir fait couper les mains et les pieds. Durant son règne, les Arabes conquièrent la Crète en 823 et attaquent la Sicile, l'année de sa mort en 829. Son fils Théophile règne 12 ans et poursuit une politique iconoclaste. Devant défendre l'Anatolie contre de nouvelles offensives arabes, il ne peut empêcher la poursuite de l'invasion de la Sicile. Avec ses alliés Khazars, il conforte la position de l'Empire sur les rives sud de la Crimée.

L'empira Khazars en 850. Source Wikipédia.

En 842, Théophile décède et son fils de deux ans, Michel hérite du trône : c'est sa mère, Théodora, qui gouverne comme régente. Ce règne marque la fin des iconoclastes. À l'extérieur, Michel III réussit à contenir les poussées slaves et arabes mais sans reconquêtes ; dans la steppe pontique une nouvelle menace apparaît avec les Varègues, vikings de Suède. C'est sous son règne que Cyrille et Méthode commencent l'évangélisation des peuples slave et bulgare. Michel III fait co empereur son favori du moment, Basile, qui vient de tuer l'oncle de l'empereur. En 867, Basile le fait assassiner et devient seul basileus : une nouvelle ère commence.

Sur la rive nord de la mer Noire, la steppe pontique voit arriver un nouveau peuple des steppes, les Magyars de langue finno-ougrienne ; ils s'établissent à l'ouest des Khazars dans un territoire, Etelköz. Venant du nord, les vikings suédois, les Varègues, descendent les fleuves comme la Volga, le Dniepr et le Dniestr vers la Caspienne et la mer Noire. À la différence des peuples de la steppe, ce sont de grands marins : dès la décennie 830/840, ils pillent certaines terres byzantines de la rive anatolienne et prennent contact avec l'Empire. Les Byzantins les appellent les "Rus'". Leur chef Riourik s'établit à Novgorod et étend son territoire vers la mer Noire. En 860, une flotte de "drakkars" traverse la mer Noire : les Rus' pillent les faubourgs de Constantinople.

Ère glorieuse de l'Empire avec la dynastie macédonienne durant près de 200 ans

Basile Ier, ancien garçon d'écurie, fonde en 867 une dynastie qui va régner pendant deux siècles jusqu'en 1057. Cette dynastie va permettre un renouveau culturel et économique, la reconquête des Balkans face aux Bulgares, une extension au Moyen-Orient face aux Arabes et le maintien à distance des Rus'. Les historiens parlent de la "Renaissance macédonienne".

Basile Ier (857-886) se montre un souverain de valeur. Il réforme le droit de l'Empire. Il conforte, face aux Arabes, les possessions dans le sud de l'Italie mais ne peut conserver que quelques villes en Sicile. C'est à son époque que la Bulgarie est christianisée dans la religion orthodoxe. Sur la mer Noire les Varègues consolident leurs conquêtes et fixent leur capitale à Kiev en 882.

Léon VI (886-912) est fils reconnu de Basile mais son père biologique serait Michel III. En 902, Taormine tombe aux mains des Arabes marquant la fin de la Sicile byzantine à l'exception d'un port sur le détroit de Messine. Léon VI doit faire face à deux redoutables ennemis, la Bulgarie et la Rus' de Kiev.

La Bulgarie est alors dirigée par le khan Siméon Ier (893-927). Ses succès en feront Siméon le Grand. De 893 à 895, une première guerre oppose Siméon à Léon qui s'allie avec les Magyars et se termine par un armistice. En 895, Siméon avec l'appui de nouveaux arrivants, les Petchenègues, bat les Magyars qui doivent fuir vers l'ouest où ils créeront la future Hongrie ; les Petchenègues, turcophones, occupent leur place sur la mer Noire. À la suite Siméon attaque l'Empire, défait une armée et met le siège devant Constantinople. Léon réussit à repousser l'assaut bulgare et un traité de paix, qui durera jusqu'en 912, est signé ; l'Empire doit payer tribut et céder une partie de la côte ouest de la mer Noire.

La Rus' de Kiev est gouvernée par Oleg le Sage (882-912). Il est le premier prince de Novgorod puis de Kiev historiquement reconnu. En 907, il lance le troisième raid varègue sur Constantinople qu'il ne peut prendre mais pille les environs avec sa flotte de drakkars. En 911, il signe un accord commercial avec l'Empire qui, ainsi, reconnaît cette nouvelle puissance.

De 912 à 959, dans l'Empire, plusieurs basileus se disputent le pouvoir. La lutte avec les Bulgares continue : en 913, Siméon III et ses troupes encerclent Constantinople ; l'Empire résiste mais doit signer une trêve et reconnaître Siméon comme Tsar (et non Khan). Malgré cet accord, Siméon envahit la Thrace en 914 et en 917 lance toutes ses forces contre l'Empire qui subit une nouvelle défaite. En 920/922, Siméon reprend sa campagne contre l'Empire et met le siège à Constantinople. En 924, devant faire face à une révolte en Serbie, il est reçu à Constantinople et signe la paix avec l'Empire qui lui doit alors un tribut annuel mais récupère quelques villes sur la mer Noire. Mais il faut aussi faire face à la Rus' de Kiev, dirigée maintenant par Igor de Kiev (914-945). En 941, les Rus' envahissent et pillent la Bithynie puis tentent de prendre Constantinople : leur flotte est alors détruite par les feux grégeois de la flotte impériale. Cette quatrième guerre entre les Rus' et les Byzantins se termine par un nouveau traité en 945 ; le traité prévoit la poursuite du commerce par Kiev qui s'engage à ne pas attaquer l'empire en Crimée, notamment la ville de Chersonèse.

Quelle est alors la situation en mer Noire ? L'Empire byzantin possède, outre la mer de Marmara et ses détroits, les rives anatoliennes, les rives de la Thrace du sud et de la Crimée du sud. Les Bulgares tiennent les rives de la Thrace jusqu'à l'embouchure du Danube. La Rus' de Kiev tient les rives de la steppe pontique jusqu'à la Crimée ; au delà ce sont les Petchenègues. En mer, la marine impériale avec ses dromons équipés du feu grégeois domine car ni les Bulgares, ni les Petchenègues n'ont de marine significative et les navires des Rus' sont de simples drakkars ou des navires marchands. Le commerce maritime est intense notamment grâce au contrôle par les Varègues de la route commerciale du Dniepr permettant les échanges entre l'Europe du Nord et l'Orient. Néanmoins, les Bulgares et les Rus' font peser sur l'Empire une menace existentielle à l'image de la menace des Arabes musulmans de Damas, de Bagdad et du Caire. Tel est le défi à relever.

De 959 à 976, trois empereurs vont ouvrir une ère de reconquête pour l'Empire byzantin. Romain II, héritier direct, décède en 963. Sa veuve, Théophano, assure la régence pour leurs deux fils mineurs, Basile et Constantin, mais doit épouser un général victorieux proclamé empereur par ses troupes, Nicéphore Phocas qui devient le basileus Nicéphore II (963-969) alors que les deux fils de Romain sont coempereurs mais sans pouvoir réel. En 969, Théophano avec Tzimiskès autre grand général (qui serait son amant ?) permet l'assassinat de Nicéphore et Tzimiskès devient le basileus Jean Ier. Celui-ci exile Théophano dans des monastères mais à la mort de Jean en 976, c'est son fils Basile qui règne ce qui lui permet de revenir à la cour. L'Empire doit faire simultanément face à trois grands ennemis : arabes, bulgares, rus'.

Face aux Arabes, sous Romain II, le général Nicéphore Phocas avec son neveu Jean Tzimiskès consolide les positions byzantines puis, en 960/961, avec l'appui de la marine, reconquiert la Crète et en 962, occupe la Cilicie (actuelle province turque d'Adana) et met à sac Alep. En tant qu'empereur, Nicéphore poursuit la lutte contre les Arabes et y gagne le titre de "la mort pâle des Sarrasins": en 965, il annexe la Cilicie, en 969, il conquiert Antioche. En 965, l'Empire reprend totalement le contrôle de Chypre et détruit la plus grande flotte arabe de Méditerranée orientale. Vers 970, il assure la prépondérance byzantine en Arménie. Les Arabes occupent toute la Sicile sauf le port de Rometta sur le détroit de Messine qui tombe en 965. Les possessions byzantines en Italie (Pouilles, Calabre et tutelle de Venise) ne sont pas menacées par les Arabes mais par Otton Ier empereur du Saint Empire romain germanique et un accord de statu quo doit être négocié. Jean Ier Tzimiskès poursuit la lutte contre les Arabes désormais partagés entre Abbasides de Bagdad et Fatimides du Caire : en 974/975, il mène une expédition de pillage en Syrie, Mésopotamie et Palestine. Ainsi, l'Empire s'est agrandi de la Cilicie et d'Antioche, de la Crète et de Chypre, a réussi à sortir l'Arménie de l'influence arabe et a consolidé sa frontière orientale sur terre et en mer.

Sur les rives de la mer Noire, la Bulgarie et la Rus' de Kiev sont des menaces. Entre 964 et 969, les Rus' de Sviatoslav Ier dit le Brave repoussent et vassalisent les Khazars. Encouragés par Byzance, en 968/969, ils attaquent les Bulgares et occupent le pays. Malgré un raid des Petchenègues sur Kiev, la Bulgarie est vassalisée par les Rus'. Cela en est trop pour les Byzantins ! Jean Ier Tzimiskès lance en 970/971 la cinquième guerre contre les Rus' : il les vainc et les Rus 'doivent s'engager à ne pas attaquer l'Empire mais conservent des droits commerciaux. Puis, le basileus attaque la Bulgarie qu'il place sous une tutelle byzantine après avoir récupéré les rives de la mer Noire.

À la mort de Jean Ier en 976, Basile II devient enfin empereur avec son frère, Constantin ; mais c'est lui qui détient le pouvoir réel : ainsi débute un grand règne de l'histoire byzantine. Bon administrateur, il est d'abord un soldat. Il doit assurer son pouvoir dans une guerre civile ; à cette occasion, il obtient l'appui de Vladimir Ier, grand prince de Kiev : c'est ainsi que nait la "garde varègue" impériale formée de guerriers scandinaves. Durant tout son règne, Basile conserve une relation positive avec la Rus' de Kiev : c'est alors que celle-ci se convertit au christianisme.

L'Empire byzantin à la mort de Basile II en 1025. Source Wikipédia.

Les guerres victorieuses de Basile ont lieu contre les Bulgares, les Arabes, les Khazars. Il confirme Byzance en Géorgie et en Arménie. Il doit de plus défendre l'Empire en Italie.

De 980 à 1018, c'est une guerre continue avec les Bulgares qui se termine par l'annexion de leurs terres et la fin du Premier Empire Bulgare. En 980, Byzance contrôle la partie orientale bulgare avec les rives de la mer Noire mais le tsar Samuel garde le contrôle des terres occidentales. En un premier temps, Samuel bat les Byzantins et confirme son contrôle des Balkans. Puis de 1001 à 1005, Basile bat les Bulgares et conquiert les terres jusqu'au Danube ainsi que la Macédoine. En 1014, l'armée byzantine anéantit l'armée bulgare : les prisonniers sont aveuglés sauf un sur cent qui est seulement éborgné pour conduire ce misérable troupeau devant Siméon qui en meurt d'apoplexie ! D'ultimes combats permettent l'annexion totale en 1018. L'Empire porte ainsi sa frontière sur le Danube et acquiert la totalité des Balkans. Et Basile II devient le "Bulgaroctone" ou Tueur de Bulgares.

De 995 à 999, Basile lutte contre le califat fatimide qu'il contient tout en gagnant quelques places fortes en Syrie. Puis de 1000 à 1023, il conquiert la domination sur la Géorgie et l'Arménie faisant de l'Empire la grande puissance caucasienne. Pendant cette période, en 2016, l'armée byzantine bat les Khazars et reconquiert l'entièreté de la Crimée.

En Italie, Venise n'est plus de fait dans l'empire byzantin : les doges ont leur propre politique; le commerce fait la fortune de la ville et la flotte est redoutable. Une nouvelle force fait ainsi son apparition en Méditerranée comme guerrière et marchande. Basile doit faire face à une révolte à Bari appuyée par des Normands et le sud de la botte reste byzantin.

Suite à tous ces succès, la mer Noire reste une mer byzantine. Ses rives sont byzantines sauf :

- La steppe pontique, occupée par les Petchenègues, peuple turco-mongol nomade peu attiré par la mer.

- La ville de Tmoutarakan face à la Crimée sur le détroit de Kertch qui appartient à la Rus' de Kiev mais sans continuité territoriale ; ancienne Hermonassa grecque, la ville fut détruite par les Huns avant d'être reconstruite par les Khazars et conquise par la Rus' ; c'est un important port de commerce mais les Rus' ne sont présents en mer Noire qu'essentiellement par leurs navires marchands malgré un raid avorté sur Constantinople en 1024.
- Les terres des princes géorgiens et caucasiens qui ont été contraints d'accepter la tutelle de Constantinople.

Les villes-ports principales, outre Constantinople et les villes de la mer de Marmara, sont :
- Sur la côte anatolienne, Héraclée et surtout Sinope et Trébizonde, villes clés de la soie byzantine.
- Sur la côte ouest, Mésembria.
- En Crimée, Chersonèse et Théodosie.

Ainsi Basile II laisse un empire, renouvelé et agrandi, d'environ 20 millions d'habitants. C'est le second apogée byzantin et l'Empire est la puissance dominante de la Méditerranée orientale et de la mer Noire. En 1025, à la mort de Basile, son frère Constantin VIII devient seul basileus. Il ne règne que trois ans et en 1028 il ne laisse comme héritières de la dynastie macédonienne que ses deux filles, porphyrogénètes (nées dans la chambre pourpre d'un basileus vivant), Zoé et Théodora. Jusqu'en 1055, Zoé est co-impératrice avec ses trois maris successifs. Sa sœur détient à son tour le pouvoir de 1055 à sa mort en 1056 marquant la fin de la dynastie, après un interrègne rapide d'un successeur désigné, en 1057,

Cette période 1025-1057 est celle d'un empire byzantin encore triomphant mais devant faire face à des périls intérieurs et extérieurs.

À l'intérieur de l'Empire, outre des tentatives d'usurpation du pouvoir, il faut lutter contre les révoltes dans les terres bulgares annexées par Basile II, intervenir militairement pour conserver la mainmise sur la Géorgie et l'Arménie ; à cette occasion, en 1045 quelques possessions sont rattachées directement à l'Empire. Si l'agriculture, l'artisanat et le commerce continuent de permettre une certaine prospérité à la population, les empereurs ruinent le trésor. La fin des soldats paysans oblige à se tourner vers des mercenaires ou des fédérés peu fiables et même la garde varègue est affaiblie.

En 1054, après des siècles de méfiance réciproque, se produit la séparation définitive des Églises chrétiennes d'Orient et d'Occident. Cette séparation est tout à la fois une lutte de pouvoir entre le Pape de Rome et le Patriarche de Constantinople, une différence entre "grecs" et "latins" et la fameuse question du "filioque". En effet le concile de Nicée proclamait que, dans la Sainte Trinité, le Saint-Esprit procédait du Père alors que très rapidement l'Église romaine proclame qu'il procède du Père et du Fils ("filioque") ce que réfute Constantinople.

À l'extérieur, il faut lutter contre le traditionnel ennemi arabe musulman sur la frontière orientale et en Italie. À l'orient, les raids arabes, les offensives byzantines ruinent ces territoires mais permettent d'annexer Édesse en 1032. À l'occident, Byzance occupe temporairement la côte sicilienne de Messine à Syracuse (1038/1043).

En mer Noire, un grand prince, Iaroslav le Sage, règne de 1016 à 1054 sur la Rus' ; après avoir battu les Petchenègues, en 1043, il lance la dernière guerre des Rus' contre l'empire byzantin ; sa flotte est détruite par le feu grégeois à l'entrée du Bosphore. Une paix est signée et un fils de Iaroslav, Vsevolod, épouse la fille de l'empereur Constantin IX Monomaque (c'est son nom de famille). Un de leurs enfants sera le grand prince Vladimir II Monomaque : il reçoit en cadeau de Constantin, la "couronne Monomaque" qui sera portée par les tsars jusqu'à Pierre le Grand. C'est une des origines de la volonté de la Russie d'être la “troisième Rome“. Mais la Rus’ de Kiev est-elle l’ancêtre de la Russie, de l’Ukraine ou de la Biélorussie ?

De nouveaux ennemis apparaissent. En Italie, les Normands, anciens vikings de Norvège et du Danemark, sont très actifs : aidant parfois les Byzantins, ils deviennent ensuite des adversaires cherchant à conquérir leurs propres terres. En Orient, venant de la steppe asiatique, des nomades turcophones approchent, les Coumans et les Seldjoukides.

La mer Noire face à de nouveaux arrivants, 1057-1085

L’Empire byzantin conserve la maitrise de la mer Noire mais connaît d’importantes défaites qui réduisent drastiquement sa taille. Différents basileus se succèdent dans un pays en guerre civile et en crise économique. L’armée est de plus en plus composée de mercenaires. En Italie, les Normands de Robert Guiscard conquièrent les Pouilles et la Calabre : en 1071, Bari tombe, dernière place byzantine en Italie. Dans les Balkans, la Croatie prend son indépendance ; les Hongrois et les turcs Oghouses envahissent le nord de la péninsule. En orient, en 1064, les turcs Seldjoukides vassalisent l’Arménie et la Géorgie. En 1071, année de malheur, ils battent les troupes byzantines à Manzikert, près du lac de Van, et envahissent le centre de l’Anatolie et atteignent le rivage de la mer Noire.

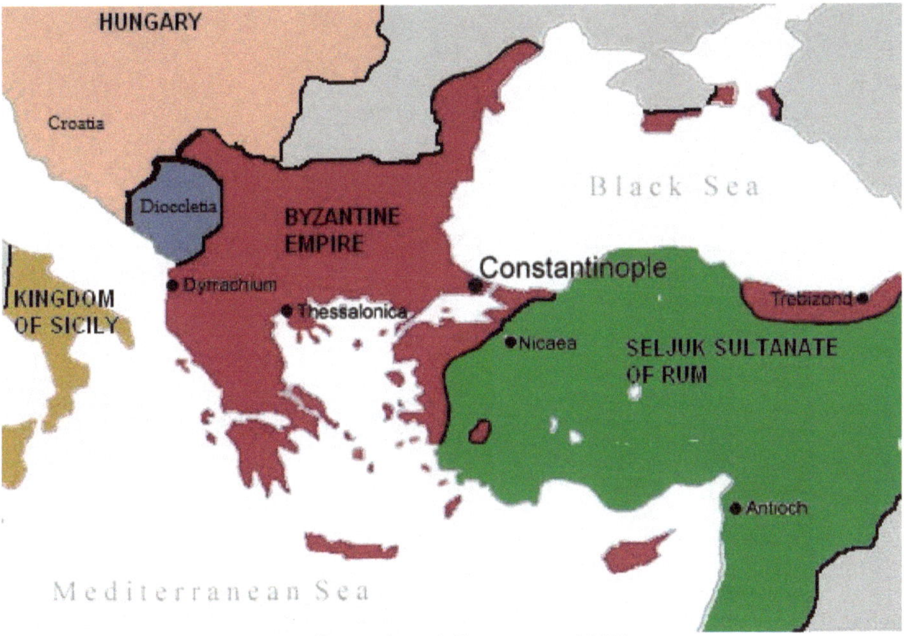

Byzantins et Turcs vers 1085

Ce nouvel adversaire oriental, les turcs Seldjoukides, sont les ancêtres de ceux qui, à terme, vont mettre fin à l’Empire et donner naissance à l’Empire ottoman qui durera jusqu’en 1919. Venant de l’Asie centrale, ils conquièrent rapidement l’Iran et l’Iraq actuels puis la Syrie et la Palestine : Bagdad est prise dès 1005, Jérusalem en 1073, Antioche en 1084. Ils se convertissent à l’Islam sunnite et imposent leur loi aux Arabes de ces terres. Les chrétiens peuvent le rester mais deviennent des “dhimmis“, soumis à un impôt spécifique et à diverses obligations, beaucoup préfèrent se convertir. En 1077, Suleiman Ier crée le Sultanat de Roum.

Le grand voisin du nord de la mer Noire, la Rus’ de Kiev connaît son apogée. Mais, en 1054, à la mort de Iaroslav Ier, la Rus’ est partagée entre ses fils ce qui conduira à son affaiblissement. Les princes qui gouvernent à Kiev doivent faire face à un nouveau peuple des steppes : les Coumans qui remplacent les Petchenègues sur les rives du nord de la mer Noire. Ce peuple de cavaliers turcophones n'est pas un peuple de marins et Byzance peut conserver sa pleine domination sur la mer Noire.

Un renouveau de la grandeur byzantine ? La dynastie Comnène 1081-1185

Alexis Ier inaugure la dynastie Comnène et règne de 1081 à 1118 ; lui succèdent, Jean II (1118-1143) puis Manuel Ier (1143-1180). Ces trois basileus rétablissent un pouvoir fort et népotique, réforment le système monétaire ce qui permet de conforter une économie prospère, reprennent en main l'Église et dotent l'Empire d'une armée et d'une marine fortes.

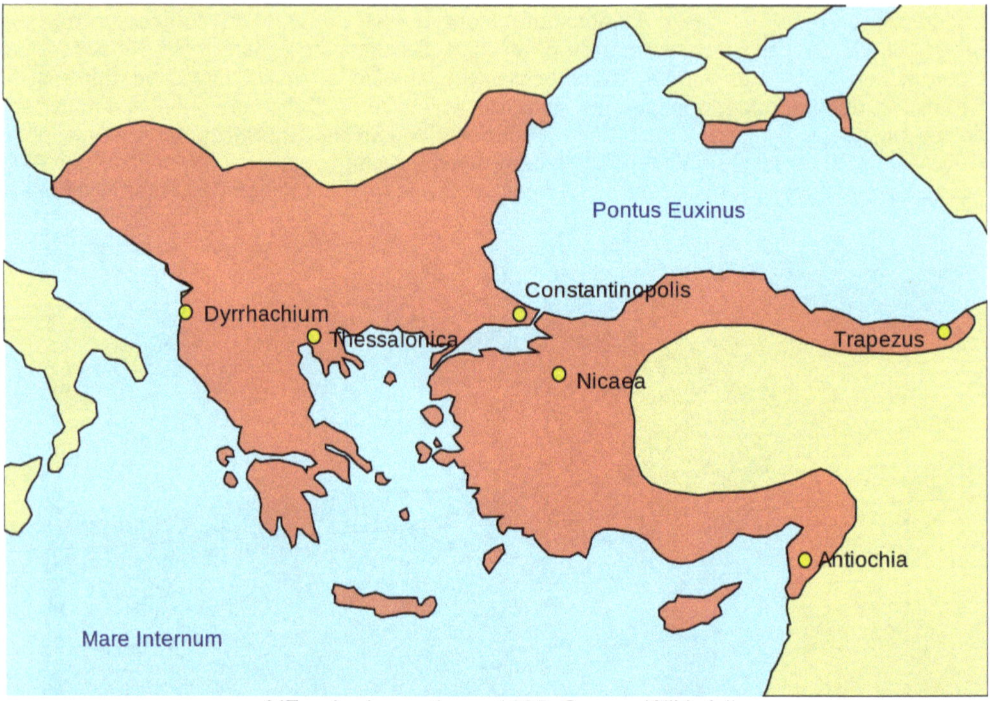

L'Empire byzantin en 1180. Source Wikipédia.

À l'extérieur, les Rus' ne sont plus dangereux car ils sont divisés en principautés rivales et se tournent de plus en plus vers le nord ; si Kiev est toujours une ville importante, c'est Novgorod qui monte. Ainsi leur influence en mer Noire devient marginale bien qu'ils conservent l'activité commerciale nord/sud. Contre l'expansionnisme normand en Italie, l'Empire s'allie avec Venise : les marchands vénitiens obtiennent des privilèges dans les ports byzantins et, surtout à Constantinople. Il appartint aussi à Alexis de libérer l'Empire de la pression des Petchenègues et des Coumans sur le Danube et dans les Balkans ainsi que de repousser les Turcs loin de Constantinople en 1095. Mais une nouvelle menace, relativement inattendue, apparaît avec les Croisades des Latins vers Jérusalem. La Première Croisade (1095-1099) comporte une dimension populaire avec Pierre l'Ermite : Byzance la méprise et s'en débarrasse en l'envoyant au massacre en Anatolie. Mais la croisade des Chevaliers est d'une autre nature et Alexis doit la maitriser par des serments d'allégeance ; les victoires latines permettent à l'Empire de récupérer Nicée et une grande partie de l'Anatolie alors que les Croisées créent les royaumes latins de Syrie et de Palestine (Antioche, Édesse, Jérusalem, Tripoli).

Jean II poursuit la politique d'Alexis et engrange des succès en politique extérieure. Il pacifie les Balkans en matant les Petchenègues restant, les Serbes et les Hongrois. En Italie et Adriatique, il contient les Normands mais doit confirmer les privilèges commerciaux des Vénitiens, privilèges qu'il étant aux Pisans. Face aux Turcs, il conforte la position byzantine en Anatolie mais doit se concilier avec les Latins de Syrie et Palestine.

Manuel Ier va conduire, en 1180, l'Empire à son nouvel apogée mais aussi à ses premières difficultés. Dans les Balkans, il soumet la Bosnie, la Croatie, la Dalmatie et la Serbie. Il envoie une armée en Italie pour contrer les Normands mais il doit in fine renoncer et rappeler ses troupes. En Orient il accueille la Deuxième Croisade, récupère Antioche et s'allie avec les États latins, mais échoue devant les fatimides d'Égypte et les Turcs de Konya. En mer Noire, la supériorité maritime de Byzance n'est pas contestée, mais l'Empire voit les commerçants vénitiens, pisans et génois lui disputer les routes commerciales à partir de Constantinople vers la Méditerranée.

Durant cinq ans, les derniers Comnènes, pris dans leurs querelles meurtrières, ne peuvent conserver l'intégrité de l'Empire : la Hongrie se saisit de la Croatie et de la Dalmatie, la Serbie renait, Chypre s'autonomise, les Normands débarquent en Albanie et pillent la Grèce.

La première fin de l'Empire byzantin, 1185-1204

Une courte dynastie, les Anges, va connaître la fin de l'Empire face à des Chrétiens, les Latins. La perte des Balkans se poursuit quand, en 1187, la Bulgarie redevient indépendante et créé le "second Royaume bulgare". À l'intérieur de l'Empire ce sont des révoltes qui conduisent à un délitement territorial. Mais c'est la relation, de plus en plus conflictuelle avec les Latins qui domine le paysage politique.

Les Latins, se sont d'abord les villes italiennes. Dès 992, les Vénitiens, sujets théoriques de l'Empire obtiennent une première diminution des droits de circulation ; ils sont suivis par les Amalfitains. Ces marchands n'ont pas le droit d'accès à la mer Noire mais commercent entre Constantinople et l'occident. En 1082, ils obtiennent de considérables avantages : exemption des droits de circulation, ouverture des ports byzantins en Méditerranée, positions à Constantinople. En 1111/1136/1170, l'Empire accorde aux Pisans une diminution des droits de circulation et des positions à Constantinople. En 1155/1160, les Génois obtiennent les mêmes avantages que les Pisans. Ces avantages conduisent, en 1171, à l'expulsion des marchands vénitiens dont la concurrence a exacerbé les Byzantins. En 1182, ce sont des massacres pour tous les Latins de Constantinople. Mais l'attrait du commerce l'emporte sur la xénophobie et, en 1187, les Vénitiens retrouvent leurs privilèges ; il en est de même pour les Génois et les Pisans en 1192. Dorénavant, ces marchands latins ont leurs propres quartiers dans Constantinople et bénéficient d'une extraterritorialité relative.

En 1187, les Arabes de Saladin conquièrent la Palestine et Jérusalem. C'est l'origine de la Troisième Croisade (1189-1192), menée par le roi de France Philippe Auguste, le roi d'Angleterre Richard Cœur de Lion et l'empereur germanique Frédéric Barberousse. Ce dernier choisit la voie terrestre et le passage par l'Empire byzantin : cela ne se fait pas sans mal mais le basileus réussit à s'en débarrasser en envoyant ses troupes en Anatolie où les Turcs pourront les arrêter suite à la mort par noyade de l'Empereur. Comme Philippe Auguste, Richard choisit la voie maritime mais, au passage, conquiert Chypre ; il vend l'ile aux Templiers qui la revendent à Guy de Lusignan : ainsi nait le royaume chrétien de Chypre. Et Chypre est définitivement perdu pour Byzance.

En 1198, le nouveau pape, Innocent III, proclame la Quatrième Croisade pour reconquérir les Lieux Saints. Soucieux d'efficacité, il exige que les Croisés utilisent la voie maritime. C'est Venise qui fournit la flotte moyennant finances ! En 1202, la flotte quitte Venise pour conquérir une ville chrétienne de l'Adriatique, Zara ! En effet, les Croisées ne pouvant payer qu'une part de la somme demandée par Venise, celle-ci a demandé en compensation Zara. À mi-1203, la flotte arrive devant Constantinople avec à son bord un prince byzantin, Alexis, qui a signé un accord promettant l'aide de Byzance si il peut conquérir le trône. L'empereur régnant refuse de céder le trône et les Croisés et les Vénitiens entreprennent le siège de Constantinople après être entrés dans la Corne d'Or en brisant la chaîne qui la barrait et en profitant de l'absence de la flotte byzantine. L'assaut est donné mais n'aboutit pas ; cependant l'empereur régnant s'enfuit et le prince Alexis devint coempereur avec son père. Mais les Byzantins ne voulurent pas de ces nouveaux basileus qui amenaient une dette à l'égard des Vénitiens : Alexis fut assassiné et son père disparut. Un nouvel basileus prit le pouvoir et refusa de payer la dette. Les Croisés et les Vénitiens signent un traité en mars 1204 qui prévoit le partage du butin et la future répartition des territoires de l'Empire qui sera démembré. L'assaut final est donné en avril 1204, Constantinople est prise et pillée, “massacre furieux et pillage insensé“.

Une nouvelle ère s'ouvre…

"Mare maggiore", mer des Italiens

De 1204 à 1453, la mer Noire est au centre d'un maelstrom géopolitique : l'Empire byzantin se décompose et va vers sa disparition ; la steppe envoie de nouveaux envahisseurs encore plus terribles que les précédents, Mongols et Turco-mongols ; le second Empire bulgare connaît son apogée et s'effondre ; il en est de même pour le royaume de Géorgie ; l'Empire ottoman se crée et devient la puissance dominante. Au milieu de tout cela, le commerce triomphe avec les marchands des villes italiennes, Gênes et Venise : on peut ainsi parler de "mer des Italiens" pour la mer Noire.

1204/1261, bouleversements autour de la mer noire

Quelle est la situation en 1204 sur les rives de la mer Noire ?

L'Empire byzantin grec éclate et est partagé entre les vainqueurs, Vénitiens et féodaux latins croisés.

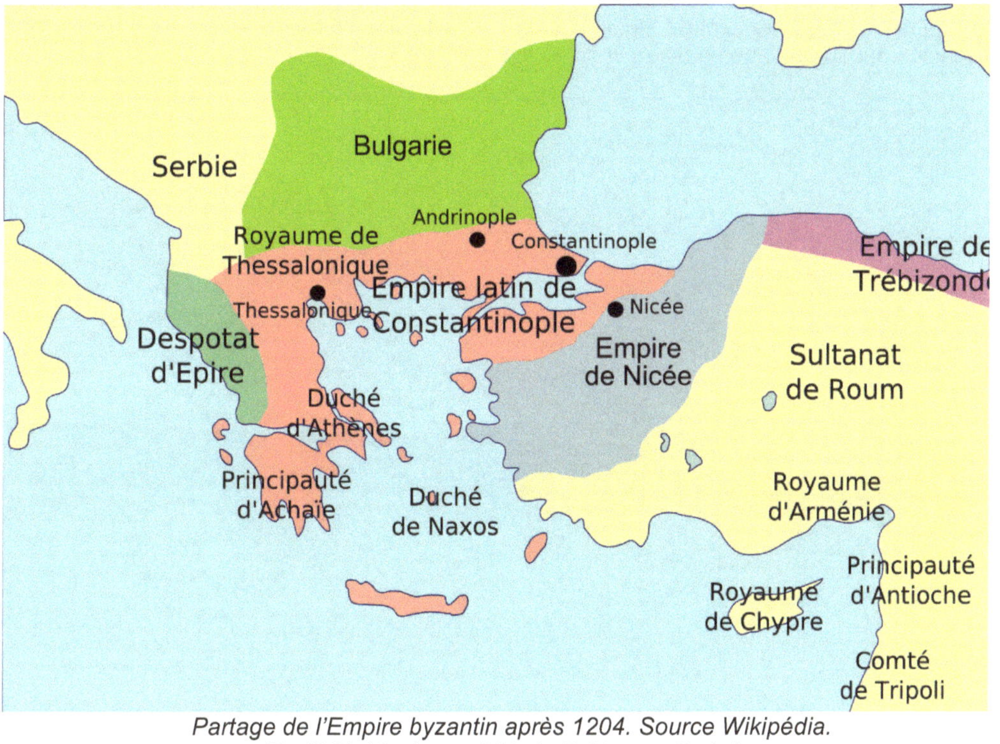

Partage de l'Empire byzantin après 1204. Source Wikipédia.
En 1208, Venise rachète la Crète aux Croisés.

L'Empire latin de Constantinople est un état féodal mais l'empereur latin détient directement le contrôle des Détroits, Dardanelles, mer de Marmara, Bosphore et rives proches de la mer Noire. Venise s'attribue des terres et des iles sur la côte dalmate et des iles en mer Égée ainsi qu'un droit de commerce en mer Noire et une position privilégiée à Constantinople et en Crimée. Sur les rives de la mer Noire, Venise établit des premiers comptoirs. Les Grecs byzantins vaincus s'établissent dans le despotat d'Épire, l'empire de Nicée et l'empire de Trébizonde. L'empire de Nicée détient une façade sur la mer Noire comme celui de Trébizonde. Deux de ces entités, Épire et Trébizonde, auront une vie autonome jusqu'à leurs conquêtes par les Ottomans ; l'Empire de Nicée, quant à lui, assurera la continuité byzantine. Toutefois, les Turcs seldjoukides réussissent en 1214 à atteindre la mer Noire à Sinope et à couper la communication directe entre les deux empires.

Deux autre puissances bordent la mer Noire : Bulgarie et Géorgie. La Géorgie, sous la dynastie Bagration, a pu faire son unité au douzième siècle. La reine Tamar règne de 1181 à 1213 : ce règne est considérée comme l'apogée économique et culturel de la Géorgie. C'est cette reine, leur tante, qui permet aux Comnènes de créer l'empire de Trébizonde qui devient client de la Géorgie. Le Deuxième Empire bulgare est dirigé par la dynastie des Asénides. En 1218, Jean II Asen accède au trône et mène une politique d'expansion territoriale dans les Balkans avec des luttes et des alliances avec ou contre les empires grecs et latins.

Sur la rive nord de la mer Noire, la steppe pontique est le lieu de nomadisation des Coumans turcophones à l'exception du sud de la Crimée vénitienne mais qui sera repris en 1235 par l'Empire de Trébizonde puis par l'empire de Nicée qui chasse les Vénitiens et établit la principauté de Theodoros. La Rus' s'est tournée vers le nord et n'est plus présente en mer Noire.

Sur la mer, le commerce est moins actif du fait des troubles mais les Vénitiens profites de leur alliance avec les Latins pour commercer en mer Noire. Les dromons byzantins disparaissent au profit des galères vénitiennes.

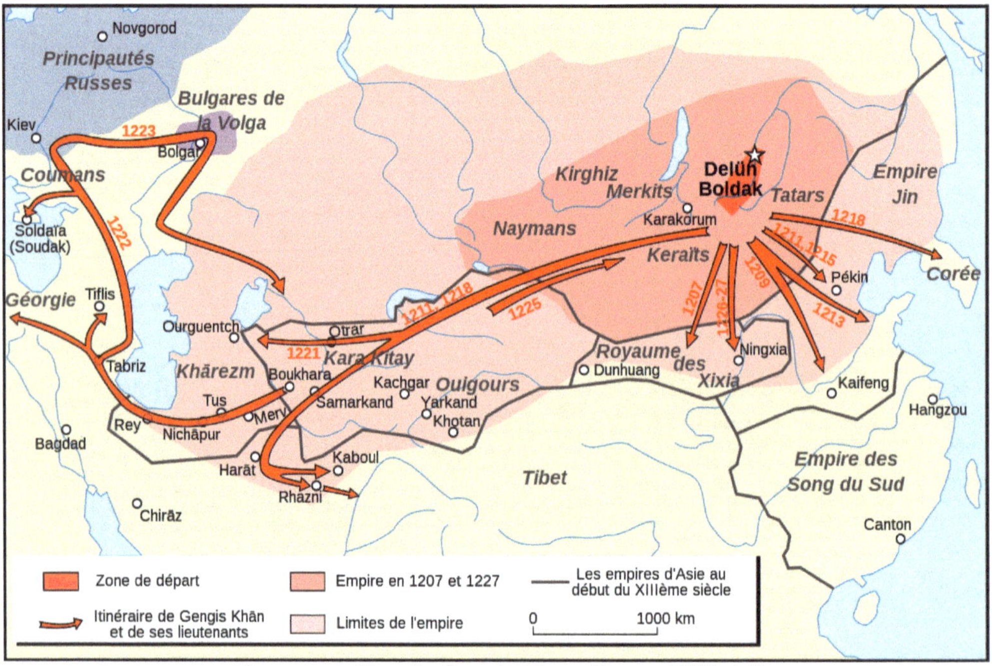

Les conquêtes de Gengis khan. Source Wikipédia.

Ce sont des événements de la steppe mongole qui vont changer l'histoire. Le fils d'un chef de clan nait vers 1155 : Temudjin. Par la ruse et la guerre, il parvient à unifier les tribus mongoles et à devenir leur empereur, leur "khagan", en 1206 : Gengis Khan. L'armée mongole est parfaitement organisée et disciplinée ; elle comporte une cavalerie légère d'archers capables de tirer jusqu'à plusieurs centaines de mètres et une cavalerie lourde pour l'assaut final. Gengis Khan soumet toutes les tribus de la steppe et conquiert le nord de la Chine actuelle. Puis il s'attaque victorieusement à l'Asie centrale et à la Perse musulmanes. La sauvagerie des Mongols est proverbiale : ils tuent tous les habitants, rasent les villes et détruisent les cultures ; leur objectif est que toutes les terres redeviennent des steppes. Quand ils conquièrent une ville, ils épargnent le massacre à quelques artisans et, parfois, font des prisonniers dans le but de les utiliser comme bouclier humain lors d'un futur assaut et violent les femmes avant de les égorger. Une de leurs ruses est de quitter les ruines pour laisser les rares survivants sortir de leurs cachettes et de revenir pour un massacre final. Lors de ces campagnes, deux de ses lieutenants, un de ses fils Subötaï et Djébé ("La Flèche", ainsi nommé car il a réussi à tuer le cheval du Khan par une flèche tirée à plusieurs centaines de mètres), conduisent en 1222/1223 un raid historique. Moins nombreux et par la ruse d'une fausse retraite, ils battent l'armée géorgienne et pillent le pays puis ils fondent sur les Coumans et, enfin, battent les troupes des Principautés russes. Lors de ce raid, sur les bords de la mer Noire, les Mongols prennent leur premier contact direct avec les marchands vénitiens avec lequel la relation sera positive car fructueuse pour les deux parties ; à leur suggestion, le raid pénètre en Crimée pour détruire Soldaia, comptoir concurrent ! Gengis Khan meurt en 1227 mais l'aventure mongole continue.

Jusqu'en 1259, les successeurs de Gengis Khan vont maintenir l'unité de l'empire mongol et l'agrandir par leurs féroces expéditions. Ogödaî (1227-1241) conquiert la Chine jusqu'au Yang Tse, la Corée, la Perse occidentale, l'Anatolie du sultanat seldjouqide de Konya et place sous suzeraineté mongole la Géorgie, l'Empire de Trébizonde et la Cilicie arménienne. Une autre armée, commandée par Subötaï et Batou détruit le royaume turc des Bulgares de la Volga puis chasse les Coumans de la steppe pontique, conquiert les Principautés russes de Moscou à Kiev, attaque et envahit la Pologne, la Moravie et la Hongrie. La mort d'Ogödaî met fin à cette épopée et sauve l'Europe occidentale d'un péril encore plus terrible que celui de l'invasion hunnique. Les successeurs, notamment Möngke (1251-1259), poursuivent les conquêtes : Tibet, Asie du sud-est. Plus proche de la mer Noire, les Mongols détruisent le califat des Abbassides : Bagdad tombe en 1258, mise à sac, sa population massacrée et la ville rasée.

Si les Mongols sont de farouches guerriers, ils sont aussi de grands administrateurs. Après les massacres et destructions, ils établissent sur leur immense territoire la "pax mongolica" et favorisent le commerce. La "route de la soie", après la chute de Bagdad migre vers le nord : elle aboutit maintenant à Trébizonde. La soie, les épices font la fortune de cette ville et des marchands vénitiens.

De 1204 à 1261, une lutte complexe s'engage entre Bulgares, le despotat d'Épire, l'empire de Nicée dont l'objet est la fin de l'Empire latin d'Orient et la prise de Constantinople. Les raids mongols sur les Bulgares et leur victoire sur les turcs seldjoukides permettent à l'empire de Nicée de conquérir Constantinople en 1261 et de marquer ainsi la fin de l'Empire latin.

Renouveau de l'Empire byzantin en 1261. Source Wikipédia.

C'est Michel VIII Paléologue à qui revient l'honneur de restaurer l'Empire byzantin. Général, héritier de grande lignée, il s'arroge le titre d'empereur de Nicée en 1258. L'année 1261 lui est particulièrement bénéfique : il signe à Nymphaeon (ville située à proximité de Smyrne/Izmir) un traité d'alliance avec Gênes. Les Génois lui fournissent leur flotte, s'engagent à le soutenir contre les Latins et Venise et, en échange, ils obtiennent la promesse de recevoir tous les droits accordés aux Vénitiens par Byzance. Quelques mois plus tard, Constantinople tombe et Michel peut rétablir l'Empire byzantin ; conformément à ses promesses, il accorde tous les droits de commerce à Gênes aux dépens de Venise.

Parallèlement, en 1259, à mort de Möngke, l'Empire mongol se scinde en quatre entités indépendantes. Près de la mer Noire, c'est la Horde d'or ou Khanat de Kiptchak. Déjà très autonome avec Batou (1243-1255), elle devient seule maître de son destin avec son frère, Berké qui se convertit à l'islam.

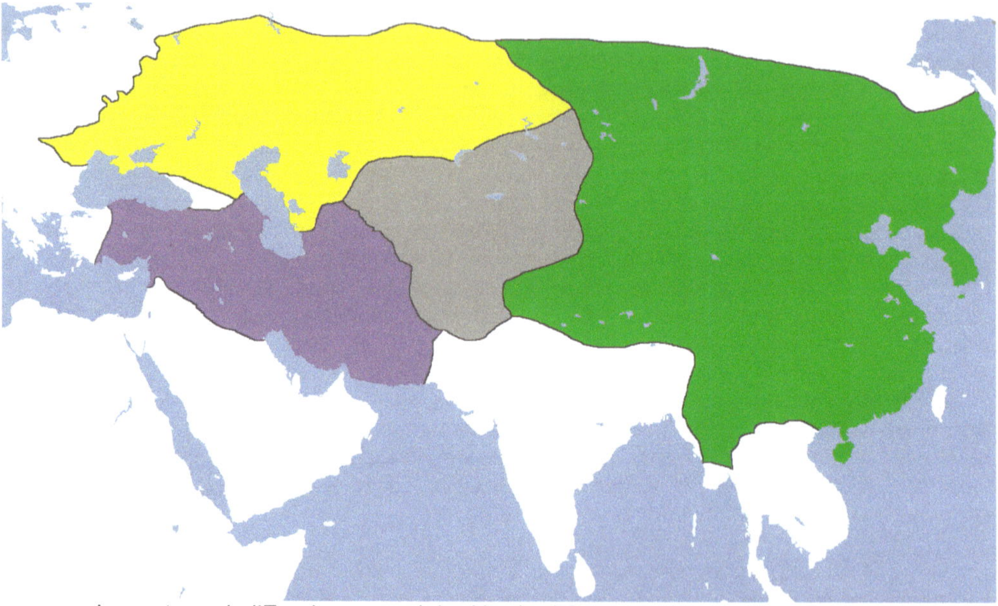

Le partage de l'Empire mongol. La Horde d'Or est en jaune. Source Wikipédia.

Les Mongols, peuple des steppes, ne sont pas des marins et des navigateurs, mais ils sont favorables au commerce : la mer Noire est un espace marchand de grande valeur et la route de la soie y aboutit. L'Empire byzantin renaissant n'a pas encore reconstitué sa flotte et ses commerçants ont énormément souffert de l'épisode latin à l'exception de l'empire de Trébizonde. La Bulgarie et la Géorgie ont perdu leur superbe d'antan. En mer Noire, le champ est libre pour les marchands des villes italiennes, Gênes et Venise principalement.

Mer Noire, mer des Génois

À la fin du dixième siècle, des villes italiennes construisent des flottes pour commercer en Méditerranée entre l'orient et l'occident : la soie, les épices font la fortune des marchands de Amalfi, Gênes, Pise et Venise. Pour conforter ce commerce, il leurs faut des points d'ancrage en dehors de leurs ports d'origine : accords, comptoirs ou colonies. Ainsi, notamment pour Gênes et Venise, va naître une thalassocratie. L'Empire byzantin est, à l'évidence, un partenaire recherché. Dès 992, l'empereur Basile II accorde de premières facilités limitées à Amalfi et Venise ; il a en effet besoin de leur appui dans sa lutte contre les Normands ; de plus, Venise joue de son appartenance théorique à l'Empire.

Mais c'est à la fin du onzième siècle que Venise et Gênes vont pouvoir vraiment pénétrer et commercer dans les terres impériales. En 1082, Alexis Ier Comnène, doit faire face aux ambitions normandes en Italie : il s'allie avec Venise mais doit accorder aux marchands vénitiens un quartier à Constantinople et des exemptions d'impôt. Gênes s'allie avec des croisés de la première Croisade : quand Bohémond de Tarente s'empare d'Antioche, il accorde aux Génois des privilèges analogues. Dès lors, Venise et Gênes détiennent les clés des villes d'arrivée de la "route de la soie".

À Constantinople, le succès des commerçants vénitiens, favorisés par leur exemption fiscale, fait des jaloux. Pour briser ce monopole, les Byzantins accordent des droits analogues, bien que moins étendus, aux Pisans et aux Génois. Cette dominance du commerce italien entraine des troubles : expulsion des Vénitiens, massacres de marchands avant que l'intérêt commercial l'emporte et, en 1187/1192, la situation se normalise. Les commerçants italiens retrouvent leurs positions et leurs privilèges. Ce sont les premiers vrais comptoirs italiens dans l'Empire, mais ils n'ont toujours pas le droit de commercer en mer Noire.

La prise de Constantinople, en 1204, par les Croisés et les Vénitiens change la donne : l'Empire latin qui succède à l'empire Byzantin doit payer sa dette à l'égard de Venise. Les marchands vénitiens l'emportent sur les génois et pisans : ils disposent d'un quartier entier sur la Corne d'Or et ont accès à la mer Noire. C'est également alors que Venise s'établit sur la côte dalmate, dans les iles ioniennes et en Crète : sur cette ile, en 1209, elle établit le duché de Candie qui ne sera pris par les Ottomans en 1669.

Le retour de l'Empire byzantin à Constantinople en 1261 marque la prééminence de Gênes qui a signé l'accord de Nymphaeon. Les Vénitiens sont chassés de la capitale mais, commerce oblige, Michel III leur redonne des droits plus limités à Constantinople et Thessalonique ; en 1265, Venise établit un premier comptoir en Crimée, Soldaia. Les marchands génois ont accès à la mer Noire et établissent progressivement de nombreux comptoirs comme à Caffa après négociation avec les Mongols (appelés alors Tartares).

Pour bien comprendre les événements en mer Noire entre Génois et Vénitiens, il faut rappeler les grandes dates de la lutte plus générale entre les deux cités lors de nombreuses batailles navales :

- De 1255 à 1270, c'est la guerre de Saint-Sabas qui oppose les deux thalassocratie autour de Tyr et de Saint-Jean-d'Acre ; aucune ne sort vainqueur mais cette guerre contribue à l'affaiblissement des royaumes latins de Palestine et Syrie.
- En 1284, Gênes défait la flotte pisane lors de la bataille de Meloria et met ainsi fin à la présence pisane en Méditerranée.
- En 1298, les Vénitiens entrent en discussion avec les Mongols pour obtenir des comptoirs en mer Noire et attaquent des comptoirs génois en Méditerranée et en mer Noire (Caffa) ; Gènes riposte avec sa flotte en Adriatique et détruit la flotte vénitienne à Curzola sur la côte dalmate ; la paix est signée l'année suivante entre les deux cités, sans vainqueur ni vaincu mais Venise n'a pu battre en brèche la domination génoise en mer Noire.
- En 1350, les Génois veulent interdire tout commerce de Venise en mer Noire ; après des victoires et des défaites, la flotte génoise détruit la flotte vénitienne à Porto Longo au large du Péloponnèse ; en 1355, une nouvelle paix est signée à Milan et les Vénitiens renoncent aux comptoirs de mer Noire à l'exception de Tana.
- En 1378, les Génois veulent à nouveau défendre leur monopole commercial en mer Noire et attaquent Venise ; celle-ci est proche de succomber mais réussit à détruire la flotte génoise à Chioggia dans la lagune de Venise ; en 1381, une paix de

compromis est signée à Turin. Gênes doit accepter le commerce vénitien en mer Noire

- Par la suite, l'animosité entre les deux cités s'attenue. Alliées, elles ne pourront empêcher la défaite finale de l'Empire byzantin face aux Ottomans et donc leur propre exclusion de la mer Noire en 1453.

Malgré toutes ces luttes, c'est Gênes qui domine la mer Noire à partir de 1261.

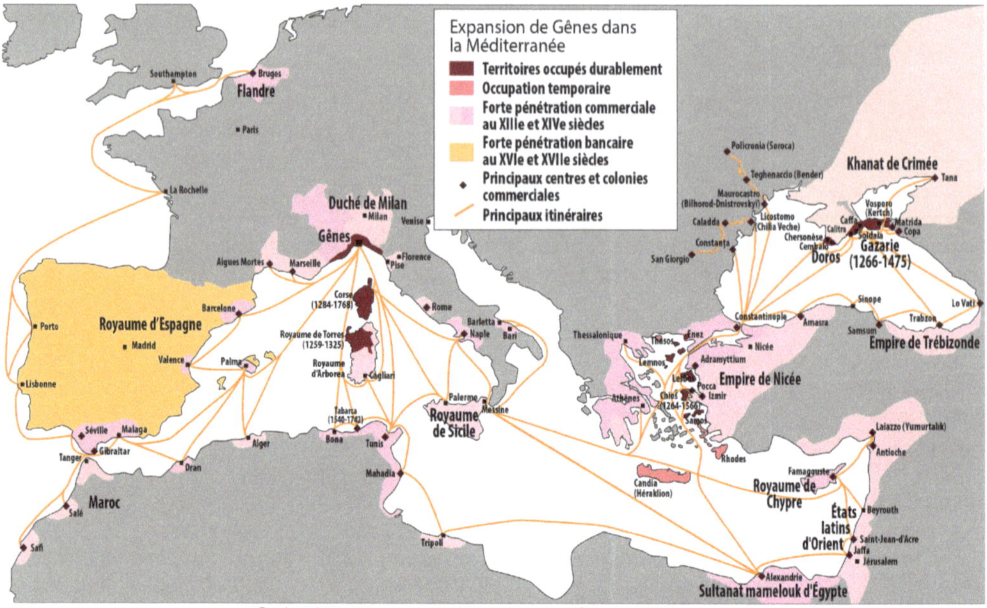

Colonies et comptoirs génois. Source Wikipédia.

Le point d'ancrage de la présence génoise est à Constantinople et, plus précisément à Galata (ou Pera) sur la rive nord de la Corne d'Or. Cette enclave leur est attribuée en 1267 par les Byzantins en application de l'accord de Nymphaeon. Progressivement, des Vénitiens rejoindront l'enclave car les empereurs byzantins chercheront l'appui des deux camps pour leurs querelles dynastiques et, à l'occasion, rendront des droits à Venise. Cette enclave sera même fortifiée par les Génois au quatorzième siècle : la "tour de Galata" (1348) qui subsiste de nos jours en est la marque ; c'est une tour "génoise" comme toutes celles établies dans leurs territoire : la Corse, terre génoise de 1284 à 1768, en possède de nombreuses. Cette implantation à Galata est au cœur de l'empire génois en mer Égée et en mer Noire. Gênes complète cette implantation dans l'Empire par le port d'Amasra sur la côte anatolienne.

L'alliance entre Gênes et le nouvel Empire byzantin donne aux Génois le contrôle commercial des Détroits et de l'accès à la mer Noire. Dès lors, ils vont obtenir du khanat de Kiptchak le droit à l'établissement d'un comptoir à Caffa en Crimée dans le thème de Cherson (vers 1266). Les Vénitiens fondent à leur tour un comptoir en Crimée à Soldaia. La lutte entre les deux villes italiennes ainsi qu'un retournement des Mongols conduisent à la fin de ses premières implantations en 1308. Mais la raison commerciale l'emporte et Mongols et Génois s'entendent pour revitaliser le comptoir de Caffa (1316). Compte tenu du rôle de la Crimée, Gênes crée alors l'"Office de la Gazarie " (ce nom vient des anciens Khazars). En 1332, les Mongols autorisent les Génois à ouvrir un comptoir au débouché du Don, Tana (ville de Rostov de nos jours) ; puis ils autorisent les Vénitiens à également s'y installer. Mais en 1343/1346, les Mongols changent d'attitude : ils expulsent les Italiens de Tana et mettent, sans succès, le siège devant Caffa. En 1347, incapables de prendre Caffa, les Mongols subissent une épidémie de peste et, de dépit, envoient avec des trébuchets les cadavres pestiférés sur les assiégés : la peste infecte les Génois et leurs marins l'importent en occident via Marseille ; c'est l'origine de la terrible peste noire qui décimera l'Europe ! Puis, toujours en faveur du commerce, les Mongols autorisent à nouveau le commerce à Tana. C'est alors la guerre de 1350/1355 entre Gênes et Venise : Caffa est génois et Tana est sous prédominance vénitienne. Ainsi les Génois dominent la Crimée et ses alentours. De plus, du fait de l'affaiblissement mongol, ils peuvent consolider Caffa et obtenir de nouveaux comptoirs, Soldaia en 1365 puis toute la côte sud-est de la Crimée y compris Balaklava (Cembalo) et Yalta (1380/1387) créant ainsi un territoire propre, la Gazarie.

Gazarie et Crimée. Source Wikipédia.

L'invasion de Tamerlan en 1395 détruit Tana et perturbe les échanges commerciaux. Malgré cette destruction ainsi qu'une autre ultérieure de la part des Mongols, Venise arrivera à se maintenir à Tana pour ne pas dépendre du monopole génois en Crimée. Ces derniers ne sont pas atteints par ces désastres et, au contraire, étendent leurs comptoirs sur le détroit de Kertch et sur sa rive opposée. En 1430, le khanat de Kiptchak éclate et est remplacé sur les bords de la mer Noire par le khanat de Crimée, férocement musulman. La prise de Constantinople par les Ottomans en 1453 ferme la mer Noire et le khanat de Crimée s'allie avec les Ottomans. Les comptoirs italiens ne pourront survivre : en 1475, Caffa tombera, suivi par Soldaia. Cela en sera fini de la "mare maggiore".

Pour compléter ce paysage de la mer Noire de cette époque, il convient de présenter les points suivants.

- Les succès maritimes de Gênes proviennent tant de l'organisation de sa flotte que de la qualité de ses navires. Il n'existe pas alors de marine d'état (à la différence de Venise) mais les navires appartiennent à des particuliers, marchands-navigateurs, et peuvent être marchands ou militaires selon les circonstances. Ces navires sont novateurs : ce sont des galères "alla sensile". Les rameurs (volontaires) sont installés sur le pont découvert, trois par rame et la galère est aidée par deux voiles latines ; de plus, à partir de 1300, le gouvernail est central.

- En mer Noire, le commerce comporte l'achat et l'exportation des fourrures de Russie, du blé et de la cire d'Ukraine, du poisson salé, des soieries et épices d'Extrême-Orient et même des esclaves. En échange, on importe des draps de laine, des toiles de lin, des métaux.
- Ce commerce, dominé par les Italiens, n'est toutefois pas leur monopole, les marchands grecs de Constantinople et, surtout, de Trébizonde leur font concurrence. Cette dernière cité est ainsi, à la fois, port grec, génois et vénitien jusqu'à sa conquête par les Ottomans en 1461.
- Un nom illustre l'épopée des marchands italiens : le vénitien Marco Polo qui, avec son père et un oncle, accomplit un périple de 24 ans (1254-1271) dans l'Empire mongol à partir des comptoirs de la mer Noire. Il écrit son fameux récit, à son retour, alors qu'il est prisonnier des Génois en 1296 suite à la capture de la galère vénitienne qu'il commande.

De l'Empire byzantin à l'Empire ottoman, 1261-1453

Alors que le nord de la mer Noire est détenu par la Horde d'Or, l'Empire byzantin tente un renouveau avec les Paléologues, Michel VIII (1261-1182), Andronic II (1282-1328), Andronic III (1328-1341). À l'ouest, il faut empêcher les Angevins de Sicile et d'Italie du sud de venger la défaite latine: cela se fait par les "Vêpres siciliennes" (1282) qui mettent fin au rêve de reconquête de Charles d'Anjou. Il faut également faire face aux ambitions du royaume des Serbes et du royaume des Bulgares. Une "Union" des églises est tentée avec la papauté mais en vain. Une tentative avortée de reconstitution de la marine et un appel à de nouveaux mercenaires étrangers, la "Compagnie catalane", sont des échecs. Mais, l'essentiel, sous-estimé par Byzance, se passe en Anatolie. Les Turcs Seldjoukides donnent naissance à des beylicats qui se partagent l'Anatolie à l'exception de la Cilicie arménienne. Parmi ces beylicats, en 1299, Osman Ier crée son propre émirat dans le nord-ouest de l'Anatolie. Profitant de la faiblesse byzantine, il conquiert des terres en Anatolie. À sa mort en 1324, son fils, Orkhan, poursuit ces conquêtes : Brousse (1326), Nicée (1331), Nicomédie (1332) et la rive sud de la mer de Marmara. Seule, Philadelphie, isolée reste byzantine en Anatolie. Ces nouveaux venus, les Ottomans, établissent leur capitale à Brousse, la Bursa actuelle.

Situation à la mort de Andronic III. Source Wikipédia.

Commence alors pour Byzance une époque de guerres civiles. (1341-1347 et 1352-1357) Un Cantacuzène veut ravir le trône aux Paléologues ! Les uns et les autres font des alliances avec les Ottomans et recherchent l'alliance avec Gênes ou Venise ! Les Ottomans en profitent et conquièrent Gallipoli sur la côte européenne des Dardanelles, ce qui leurs donne l'entrée dans les Balkans avec un premier territoire en Europe. Ils annexent plusieurs beylicats et agrandissent leur domaine en Anatolie. L'armée ottomane crée le corps des janissaires, enfants chrétiens devenant soldats.

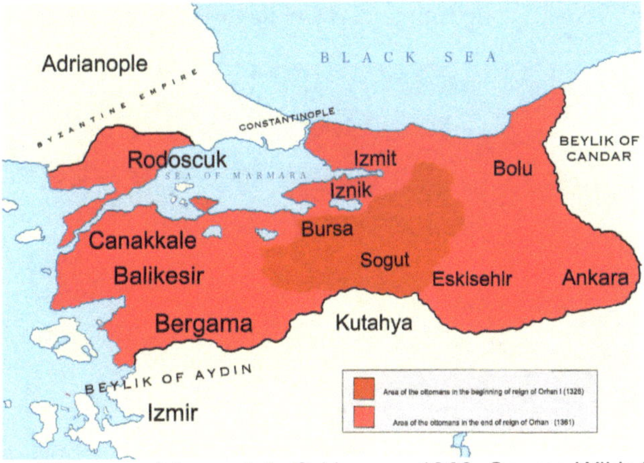

Les Ottomans à la mort de Orkhan en 1362. Source Wikipédia.

Byzance affaiblie va devenir vassale de fait des Ottomans. De 1362 à 1389, c'est Mourad Ier qui règne sur les Ottomans avec le titre de Sultan. Il renforce son armée en organisant une cavalerie accompagnant les janissaires : les sipahis. Il conquiert Andrinople (Edirne) en 1366 et transfère plus tard la capitale ottomane de Bursa à Edirne. Il bat une première fois les Serbes en 1371, bat les Bulgares et conquiert Sofia en 1385 et vainc définitivement les Serbes en 1389 à la bataille de Kosovo Polje (le "champ des merles"). Mort assassiné après la victoire, il est remplacé par son fils, Bayezid Ier "la Foudre".

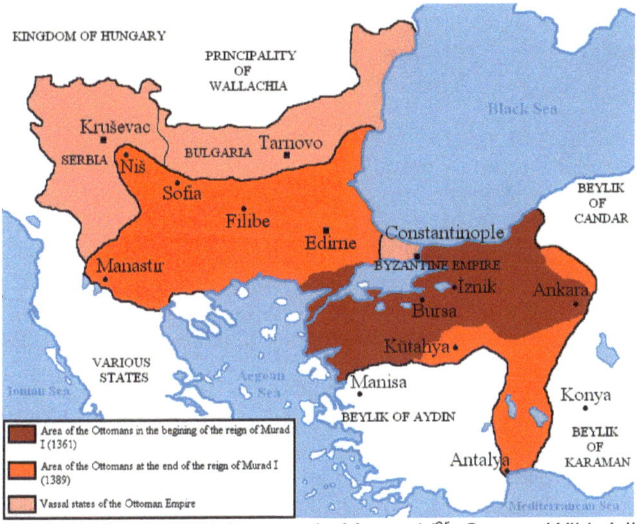

1389. Les Ottomans à la mort de Mourad Ier. Source Wikipédia.

Byzance est alors réduite à Constantinople et ses environs, Thessalonique et sa péninsule, une partie sud du Péloponnèse. Elle est encerclée par la Roumélie et l'Anatolie ottomanes. En 1391, enfin, Manuel II Paléologue devient basileus mais comme vassal de Bayezid. Mais en 1394, Manuel se révolte et les Turcs assiègent Constantinople ; une croisade chrétienne échoue et Constantinople est sauvée par ses murailles et une flotte combinée grecque-génoise-vénitienne. Manuel se rend alors en Europe pour solliciter, en vain, une aide ; pendant ce temps, les Turcs lancent une nouvelle attaque vers Constantinople : tout semble perdu quand un événement imprévu oblige Bayezid à se tourner, en Anatole, vers un nouvel ennemi, Tamerlan.

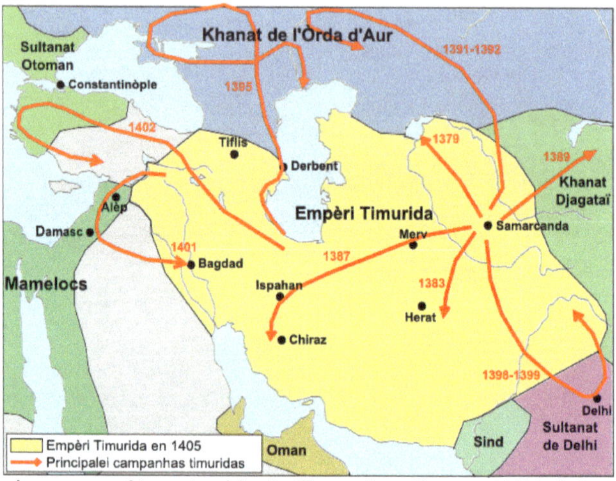

Les conquêtes et raids de Tamerlan. Source Wikipédia.

Timour ou Tamerlan ("Timour le boiteux") est un turco-mongol musulman de l'actuel Ouzbékistan qui règne sur un empire, dit timouride, de 1370 à 1405, avec sa capitale à Samarcande. Cet empire est le résultat de guerres de conquête qui se terminent par des massacres. En 1402, un énorme raid est lancé vers l'Anatolie et Bayazid affronte Tamerlan à la bataille d'Ankara, une des plus grandes batailles de l'époque (entre musulmans !). Les Ottomans sont vaincus et Bayazid fait prisonnier. De 1402 à 1413, une lutte féroce entre les fils de Bayazid enflamme les Ottomans ; durant cet interrègne, Byzance peut retrouver un répit.

Le nouveau sultan, Mehmed Ier (1413-1421), donne priorité au rétablissement de l'Empire ; il reconquiert les terres perdues en Anatolie, annexe la Valachie, fait construire une première vraie flotte ottomane. Son fils, Mourad II (1421-1451), poursuit cette œuvre d'abord en reprenant le dessus sur les Byzantins, dirigés par Jean VIII (1425-1446) : il porte un siège infructueux de Constantinople, il conquiert le Péloponnèse nord et capture en 1430 Thessalonique, alors cédée par Byzance aux Vénitiens. Dans les Balkans, il agrandit la Roumélie de la Serbie, de la Thessalie, de l'Épire ; seule l'Albanie résiste mais devient vassale. Il lui faut résister victorieusement à deux expéditions chrétiennes menées par les Hongrois en 1444 et 1446.

Pendant ce temps, sur la rive nord de la mer Noire, dans la steppe pontique, les Mongols poursuivent leur domination. Vers 1315, ils adoptent l'islam. Le raid de Tamerlan (1395) ravage la Crimée et détruit la cité de Tana mais Caffa échappe à Tamerlan. En conséquence de ce raid, l'unité de la Horde est rompue : se créent successivement les Khanats de Crimée (1430), de Kazan et d'Astrakhan.

Pour l'Empire byzantin, réduit à Constantinople et ses environs, quelques iles en mer Égée, le sud du Péloponnèse et la presqu'ile du mont Athos. La fin est proche.

En 1448, Constantin XI, Paléologue, devient le dernier basileus. Il est à la tête d'un Empire réduit à sa plus simple expression, appauvri, avec une armée et une marine très affaiblies. Connaissant la menace ottomane, il tente de trouver des appuis occidentaux en acceptant l'"Union" des églises de Rome et de Constantinople : il n'obtient aucun succès significatif. En 1451, Mehmed II devient sultan des Ottomans. Son ambition de toujours est la prise de Constantinople, épine au milieu de ses terres et symbole d'une chrétienté honnie par l'Islam. Homme cultivé et cruel, prédateur sexuel, il est aussi un bon diplomate, un grand guerrier et un fin stratège. Avant de s'attaquer à Constantinople, il vassalise en Anatolie l'émirat de Karaman et signe des traités avec des puissances chrétiennes notamment Venise et Hongrie. Il peut dès lors se consacrer à sa mission turque et musulmane, la fin de l'empire romain d'Orient. Sachant l'importance des murailles de Constantinople, il fait fabriquer des canons de grande taille par un spécialiste hongrois. Il construit là où le Bosphore est le plus étroit un fort sur la rive européenne face au fort sur la rive anatolienne érigée par Bayezid : il s'assure ainsi le contrôle de l'entrée en mer Noire.

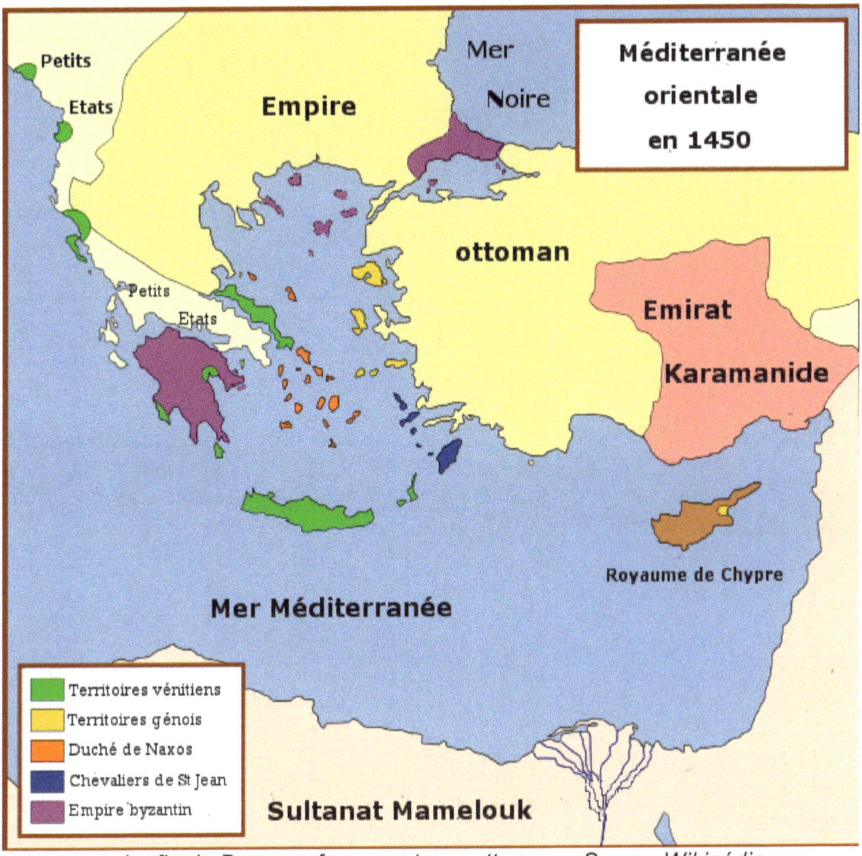

La fin de Byzance face aux turcs ottomans. Source Wikipédia.

Le siège commence en avril 1453. Prudents, les Italiens de Pera se soumettent sans combattre. Par contre pour la défense de la ville, les Byzantins et quelques alliés, notamment vénitiens, se défendent courageusement. Mehmed doit compléter le siège en pénétrant dans la Corne d'Or ; comme sa marine ne peut le faire directement du fait des chaînes en barrant l'entrée, il fait transiter ses navires par la terre ; il peut ainsi assurer un siège complet. Le 29 mai 1453, il lance l'assaut final : l'empereur Constantin est tué sur la muraille et les Ottomans envahissent la cité. S'ensuivent pillages, massacres, viols des filles et des garçons pendant trois jours. Mehmed entre dans la ville et pénètre à cheval dans Saine Sophie, il piétine l'autel et transforme l'église en mosquée.

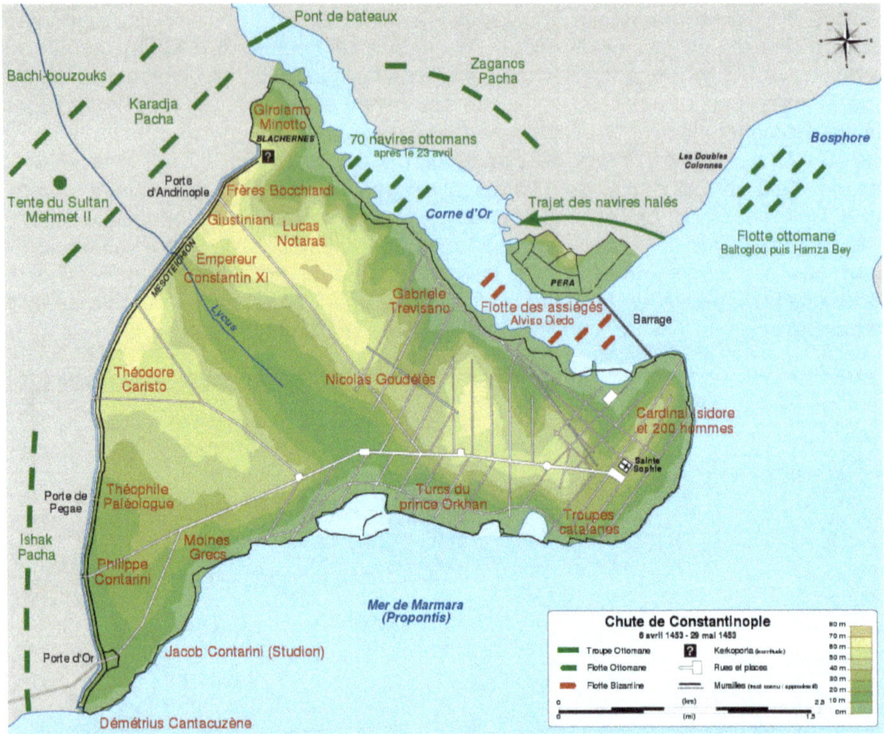

Siège et prise de Constantinople par les Ottomans. Source Wikipédia.

Ainsi se terminent plus de mille ans d'histoire romaine, chrétienne, byzantine. Mehmed II devient “le Conquérant“. Les Ottomans conserveront le nom de Constantinople comme symbole impérial mais les musulmans nomment la ville Istanbul. La mer Noire est verrouillée : une nouvelle ère commence.

Mer Noire, lac ottoman

L'empire Ottoman devient une puissance méditerranéenne turque, arabe et balkanique et connaît son apogée. Son expansion vers l'occident au nom de l'islam connaît son arrêt au premier siège de Vienne (1529), lors de l'attaque manquée contre Malte (1565), par la défaite navale de Lépante (1571) et au second siège de Vienne (1683). Pendant plus de trois siècles, la mer Noire est un "lac ottoman". Après 1453, les Ottomans engagent leurs navires en mer Noire et – en une trentaine d'années – ils prennent le contrôle de toute la région. La mer Noire devient la "chasse gardée" de la Sublime Porte. Cependant, dans les royaumes Tatars vassaux des Ottomans, ces derniers se trouvent confrontés, dés le milieu du seizième siècle, aux ambitions de la Russie, décidée coûte que coûte à s'assurer un accès à la mer Noire, porte sur la Méditerranée et route vers Constantinople. De cet affrontement, les Russes sortiront vainqueurs ; en 1774, la mer Noire cesse d'être un lac ottoman.

L'ascension ottomane (1453-1512)

Dès la prise de Constantinople, Mehmed II, le "Conquérant", travaille à la constitution d'un Empire autour d'un héritage turc, musulman, byzantin. Il repeuple Constantinople, devenue sa capitale, et en fait une ville cosmopolite autour des Turcs musulmans, majoritaires et dominants, des Grecs orthodoxes dans le quartier du Phanar, des Italiens surtout Génois à Galata/Pera, des Arméniens. Il conclut un accord commercial avec Venise. Il complète ensuite la formidable armée ottomane par une grande marine. Sa politique étrangère est de s'assurer du contrôle de l'Anatolie, de la Roumélie, des mers Égée et Noire.

La flotte ottomane pénètre en mer Noire. Les Ottomans détiennent certes la clé de cette mer avec les Détroits mais seules sont ottomanes une partie de la rive anatolienne et, en Roumélie, la côte du Bosphore aux bouches du Danube. En trente ans, ils vont faire de la mer Noire un lac turc. En 1459, ils enlèvent la grande base génoise anatolienne d'Amasra ; en 1461, ils se font donner Sinope par le bey local et font la conquête du royaume grec de Trébizonde dernier vestige de l'Empire byzantin, fondé après que Constantinople soit tombé en 1204 aux mains des Croisés.

Les côtes septentrionales de la mer Noire, tout le sud de l'Ukraine actuelle, sont alors aux mains des descendants de Gengis Khan, des princes mongols turquisés et islamisés, les Tatars de Crimée. Bien que ne jouissant plus de leur puissance d'antan, ils n'étaient pas encore entrés en décadence et leurs forces militaires demeuraient considérables. Leurs souverains, les Giray, descendants de Gengis Khan, jouissent d'un prestige immense, quasi divin. Les Ottomans eux-mêmes les respecteront quand ils en seront devenus les suzerains. Ils ne tardent guère à l'être. En 1475, les Ottomans enlèvent aux Génois Caffa, sur la côte sud de la Crimée, puis, dans les années suivantes, tous les comptoirs italiens, y compris Tana au fond de la mer d'Azov (1479), ceux du Kouban et des petits ports nichés dans les replis de la côte caucasienne. Loin de réagir contre cette intrusion sur des terres qu'ils pourraient considérer comme leur appartenant, avec lesquels ils entretiennent d'étroits rapports, les Tatars reconnaissent aussitôt la souveraineté des Ottomans, leurs frères de langue, de race, de religion (1475).

Plus tard, profitant de la trêve qu'il a signée avec les Hongrois en 1481, le sultan Bayazid II envahit la Moldavie, s'empare de Kilia aux bouches du Danube, puis, avec l'aide des Tatars, de la puissante place forte d'Akkerman, à l'embouchure du Dniestr, en Bessarabie (1484). Toutes les côtes de la mer Noire appartiennent aux Ottomans.

Mehmed II engage des guerres en Anatolie et en Roumélie (Balkans). En Anatolie, il annexe définitivement le Karaman et défait les Akkoyunlu (clan des "Moutons blancs"). En Roumélie, il annexe la Morée (Péloponnèse) byzantine, le reste de la Serbie, la Bosnie ; face à Skanderbeg, il réussit finalement à conquérir l'Albanie ; il doit lutter contre les Hongrois, les Moldaves. Il réaffirme la vassalité de la Valachie après de durs combats contre le voïvode Vlad III Basarab, surnommé « l'Empaleur », notre Dracula. De plus, il est en guerre contre Venise avec de premiers succès.

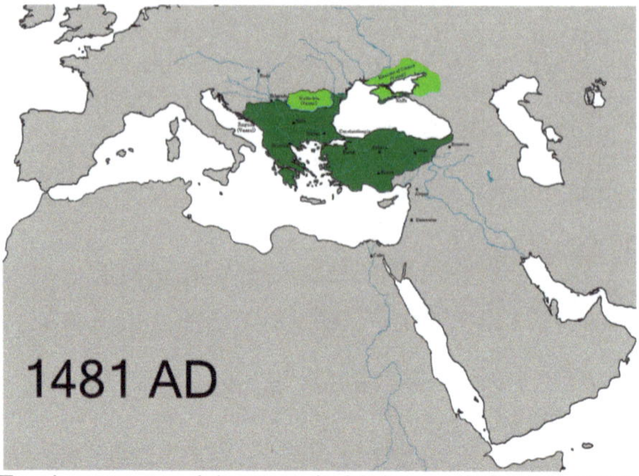

L'Empire ottoman à la mort de Mehmed II. Source Wikipédia.

À la mort de Mehmed en 1481, son fils Bayazid II (appelé en occident Bajazet) prend le pouvoir après une lutte fratricide. C'est lui qui, après 1492, accueille les juifs chassés d'Espagne : 200 000 d'entre eux rejoignent ainsi l'Empire comme à Salonique. Il est à la tête de nombreuses guerres.

- Sur les bords de la mer Noire, comme indiqué plus avant, il vassalise la Moldavie et s'empare de la Bessarabie et de ses ports.
- Il doit guerroyer en permanence contre les Hongrois de Mathias Corvin; à cette occasion, il annexe l'Herzégovine.
- Les Mamelouks égyptiens attaquent l'Empire : après plusieurs campagnes, une paix de compromis est signée.
- En Perse, une nouvelle dynastie, les Safavides, s'établit et menace l'Empire et donc de nouvelles batailles sont nécessaires pour maintenir la frontière.
- En Méditerranée, le sultan renforce la marine et encourage la piraterie des frères Barberousse ; il utilise ces nouvelles forces dans la lutte contre Venise qui se termina par un compromis : Venise perdait certaines possessions mais conservait ses avantages commerciaux à Constantinople et dans l'Empire.

Bayazid est détrôné par un de ses fils, Selim Ier, et meurt cette même année 1512. En mer Noire, tout est dit, le lac ottoman est bien réalisé. Sur ses rives, des communautés grecques pontiques subsistent et, même, prospèrent comme à Trabzon. Le commerce maritime est assuré par des navires ottomans mais les marchands sont turcs, grecs ou italiens.

L'apogée de l'Empire (1512-1603)

Durant cette période, trois grands sultans vont amener l'empire à son apogée. Ils mettent en place et confortent l'organisation générale des terres qu'ils gouvernent. Un code civil et pénal musulman unifié complète la charia. Le palais de Topkapi est organisé au service du sultan qui devient calife des musulmans. L'armée est confortée autour des janissaires, des sipahis et des bachi-bouzouks et dispose d'une artillerie de grand niveau. La marine est développée et s'appuie sur des corsaires : le navire type est une galère de 150 rameurs, prisonniers ou condamnés, avec une troupe d'assaut et de l'artillerie. L'art ottoman est également brillant et multiple, poésies, céramiques, etc.

En mer Noire sur sa rive nord, les Russes, à cette époque n'intéressent pas encore les Turcs, alors qu'ils sont une préoccupation essentielle pour les Tatars. Quand les Russes, en 1555, après avoir détruit le khanat de Kazan (1552), s'emparent de celui d'Astrakhan. Ivan IV le Terrible coupe la route des steppes en s'installant sur les rivages septentrionaux de la Mer Caspienne. Les Tatars se sentent directement menacés et les Turcs perçoivent un instant le danger. Ils imaginent alors de construire un canal reliant le Don et la Volga pour y faire passer leurs troupes et assurer le ravitaillement des forces qu'ils lancent dans ces régions, bien lointaines pour eux. Le canal ne sera pas creusé et le siège d'Astrakhan par les Ottomans se terminera par une lamentable retraite turque. C'est la première guerre russo-turque (1568-1570) ; bien que vaincus, ceux-ci obtiennent le droit de passage pour le commerce et le pèlerinage musulman.

L'autorité ottomane est fermement établie sur les côtes occidentales de la mer Noire. La Bulgarie a été annexée en 1393, la Dobroudja en 1395. L'une et l'autre sont sous la souveraineté directe du gouvernement central ottoman et étroitement surveillées, car elles commandent les bouches du Danube, voie importante pour le commerce. Ils y trouvent des nomades turcophones, les Yürük, et les Gagauz, installés en Bessarabie au XIIe siècle, un des rares peuples turcophones à conserver le christianisme grec orthodoxe. La Valachie et la Moldavie, future Roumanie, en revanche, forment deux provinces autonomes, la première depuis 1476, la seconde dès 1513, bien que son statut de vassal ne soit vraiment fixé qu'en 1538. Elles paient tribut et leurs chefs, élus par les indigènes – les voïvodes – doivent être confirmés par Constantinople

La rive orientale de la mer Noire, entre l'Anatolie et les Tatars, côte géorgienne d'aujourd'hui, est conquise en 1515/1516 contre les safavides iraniens. Toute la mer Noire est ottomane. Bien que le commerce en mer Noire soit menacé par l'ouverture de la route des Indes et des épices par les Portugais et par la " découverte" de l'Amérique et sa conquête par les Espagnols, cette mer reste un important site de commerce vers le nord et l'orient. Caffa, Trabzon, les ports des actuelles rives bulgare et roumaine servent ce commerce : l'approvisionnement de Constantinople en dépend largement. Les navires doivent battre pavillon turc mais leurs propriétaires comme les marchands peuvent être musulmans ou chrétien, grecs, arméniens ou juifs.

Chronologiquement, les sultans qui arrivent au pouvoir en ayant assassiné leurs frères, demi-frères et neveux (loi du "fratricide") sont les suivants, en rappelant leurs faits d'arme qui amènent l'Empire à sa plus grande expansion.

- Selim Ier, le "Hardi" (1512-1520), sultan cruel, pieux et victorieux. Dès 1514, il engage la guerre contre les Perses safavides : ce n'est que la première d'une longue suite de neuf guerres jusqu'en 1823 entre l'Empire et l'Iran ! Il bat les Perses et assure ainsi la totalité de l'Anatolie jusqu'au Caucase pour l'Empire. En 1516/1518, il bat les Mamelouks et conquiert la Syrie, le Liban, la Palestine, l'Égypte, les rives de la mer Rouge avec La Mecque et Médine. Ayant ainsi pris en charge les Lieux Saints de l'Islam, il rapporte le Califat à Constantinople. Vers les mêmes dates, les frères Barberousse, pirates établis à Alger lui font allégeance : les futures Tunisie et Algérie rejoignent l'Empire. Ainsi, les Ottomans acquièrent pour leur empire la majorité des pays arabes ! En matière maritime, outre la mer Noire, ils sont les maîtres de la mer Rouge, de la Méditerranée orientale et font régner la terreur des pirates en Méditerranée occidentale.

- Süleyman Ier, Soliman le "Magnifique" en occident, le "Législateur" en orient (1520-1566, soit le plus long règne d'un sultan ottoman), certainement le plus grand des sultans avec Mehmed II. Né à Trabzon puis gouverneur de Caffa (Kefe), il connaît parfaitement l'importance de la mer Noire pour son empire. Ses conquêtes territoriales sont prodigieuses. Il affronte d'abord les Hongrois et leurs prend Belgrade (1521). Puis en 1522, il chasse les Chevaliers de Rhodes : les Ottomans les retrouveront à Malte. Il reprend alors la lutte contre la Hongrie et vainc. En conséquence, la Transylvanie quitte la tutelle hongroise pour celle ottomane et la Hongrie est partagée entre Soliman au sud avec Buda et, au nord, les Habsbourg qui établissent la capitale à Pozsony /Presbourg, l'actuelle Bratislava. En 1529, Soliman met le siège devant Vienne et échoue : c'est la limite de l'expansion ottomane en Europe ; les Habsbourg deviennent l'ennemi permanent des Ottomans. En 1538, il impose sa tutelle à la Moldavie et annexe la Bessarabie, affirmant ainsi le pouvoir ottoman en mer Noire. En orient, l'ennemi est l'empire Perse : en trois campagnes, Soliman obtient Bagdad (ce qui le fait une nouvelle fois calife), la Mésopotamie y compris les deltas du Tigre et de l'Euphrate ce qui donne accès au golfe arabo-persique. L'extension en Afrique du Nord se poursuit à partir de l'Égypte : Tripolitaine en 1551, Tunisie en 1556 ; mais cette dernière est reconquise par Charles Quint en 1558. Soliman confie à Barberousse une puissante marine qui assure aux Ottomans le contrôle de la Méditerranée orientale ; mais, en 1565, l'échec devant Malte défendue par les Hospitaliers met un arrêt à cette expansion sans toutefois empêcher une activité de pirates en Méditerranée occidentale à partir d'Alger. La marine ottomane domine par ailleurs la mer Noire et la mer Rouge ; elle combat les Portugais à partir du golfe arabo-persique dans l'océan Indien.

- Selim II, fils de Soliman et de son épouse Roxelane, règne de 1566 à 1574. Dès le début de son règne, il signe un traité de paix pour 8 ans avec l'Autriche, il consolide la position ottomane au Yémen, il affronte en vain les Russes en Caspienne. En 1571, il conquiert Chypre alors sous domination vénitienne. La même année, les Vénitiens, alliés avec la Papauté et l'Espagne battent la flotte ottomane à Lépante. Cette défaite largement célébrée en occident n'est que relative et dès 1574 une nouvelle flotte ottomane reconquiert Tunis et la Tunisie.

- Les deux sultans suivants (1574-1603) laissent le pouvoir au grand vizir et à la reine mère (*Vâlide*) ce qui marque l'affaiblissement du pouvoir central. À l'extérieur, c'est une guerre avec la Perse, victorieuse avec la conquête de la Géorgie perse et de l'Azerbaïdjan qui donne accès à la mer Caspienne. À l'occident, c'est une nouvelle guerre de 13 ans avec l'Autriche qui se termine par un statu quo. Au Maghreb, la conquête se poursuit avec l'annexion de l'Algérie (1587) et une tentative de tutelle du Maroc qui sera sans suite. Il est le dernier sultan à pratiquer le fratricide (il y aura des exceptions !) : ses successeurs se contenteront de mettre leurs frères dans une prison dorée, "La Cage".

L'empire Ottoman atteint ainsi son apogée territorial bien que la conquête de la Crète vénitienne ait lieu ultérieurement de 1645 à 1669. Mais les ferments du déclin apparaissent avec la corruption, l'incompétence de certains dirigeants, les rebellions régionales, le sentiment exagéré de supériorité. Malgré tout, l'empire Ottoman est une puissance dominante et crainte. Au delà de sa racine turque anatolienne, il domine la quasi totalité des populations arabes et des peuples des Balkans. En mer Noire, sa domination est totale. L'Empire a fait face avec succès à ses grands adversaires, les Habsbourg d'Autriche-Hongrie et les Perses safavides. Venise reste un adversaire mais est aussi un partenaire commercial. Le futur grand adversaire russe est à peine apparu... mais l'avenir lui fera rejoindre l'Autriche et la Perse comme l'ennemi de référence. Les puissances occidentales recherchent sa relation pour des motifs commerciaux. Ainsi le royaume de France, au delà de l'intérêt politique d'un adversaire des Habsbourg, signe des "capitulations" qui accordent des privilèges à ses marchands, essentiellement marseillais : ce sont les "échelles du Levant" (le mot échelle vient de la même racine qu'escale). Ces accords entre la France et la Porte sont signés dès 1536 entre François Ier et Soliman puis renouvelés en 1569 entre Charles IX et Selim II puis en 1597 entre Henri IV et Mehmed III : les Anglais n'obtiendront l'équivalent qu'en 1599, les Hollandais en 1612 et les Génois en 1665.

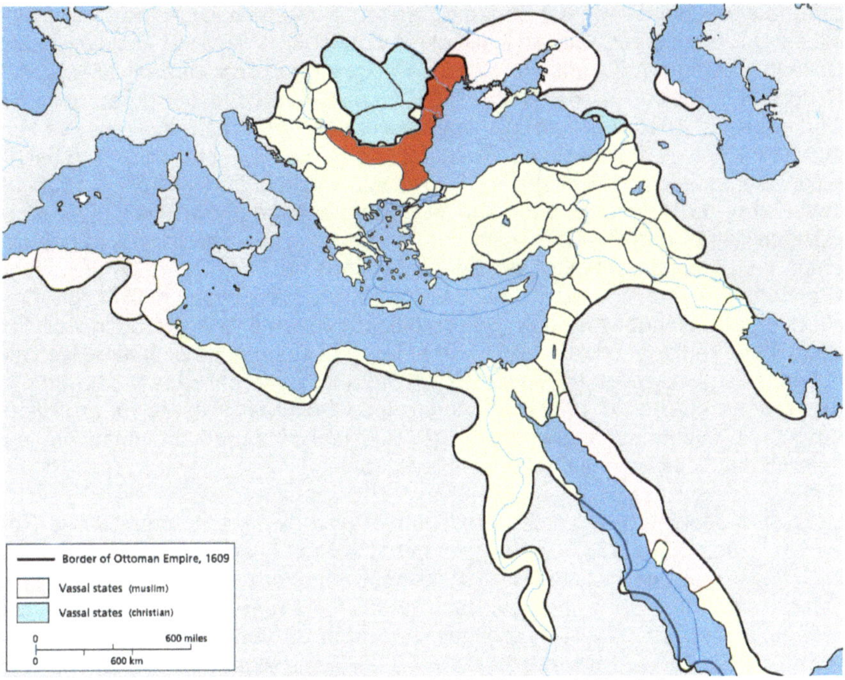

L'empire Ottoman en 1609. Source Wikipédia.
En foncé, la province de Silistrie.

Stabilisation du dix-septième siècle (1603-1699)

Le siècle précédent fut celui de l'apogée : ce nouveau siècle est celui où apparaissent les difficultés internes et externes qui diminuent la puissance ottomane.

L'affaiblissement de l'état est caractérisé par la prise de pouvoir de fait par les sultanes mères et les dignitaires du harem : jusqu'en 1656, on parle du "sultanat des femmes". Durant cette période, un seul sultan, Mourad IV (1623-1640) put gouverner réellement à partir de 1632. En 1656, Mehmed Köprülü devient grand vizir et initie une suite familiale de grands serviteurs de l'état, son fils Fâzıl Ahmet Köprülü (1661-1676) puis le frère adoptif de ce dernier Pacha Kara Mustafa (1676-1683) et quatre autres Köprülü occuperont le poste par la suite. Le dernier sultan de ce siècle est Moustafa II (1695-1703).

Les Ottomans doivent lutter contre de nombreux ennemis : Iran, Russie, Pologne-Lituanie, Autriche, Venise.

- En 1603, les Perses safavides se lancent à la reconquête du Caucase : Azerbaïdjan, Géorgie, Erevan en Arménie. Les Ottomans répondent par plusieurs contre-offensives et une paix est signée en 1618 : les Perses gardent leurs gains territoriaux. En 1623, les Perses reprennent l'offensive et capture Bagdad en 1624 puis toute la Mésopotamie ; les Ottomans répliquent par des contre-offensives mais sans résultat probant ; le sultan Mourad III prend ensuite la tête des armées ottomanes, il occupe temporairement Erevan (1635) et en 1638, il reconquiert Bagdad et la Mésopotamie. En 1639, la paix est signée : Erevan (Arménie actuelle) et Azerbaïdjan vont aux Safavides, Bagdad et la Mésopotamie (Irak actuel) aux Ottomans et les royaumes géorgiens subsistent en tant que tels et leurs tutelles seront sans cesse disputées entre les deux empires.

- Une nouvelle puissance est apparue, la République des Deux Nations, Pologne et Lituanie. Elle possède l'Ukraine actuelle à l'ouest du Dniepr et assure la tutelle des Cosaques zaporogues. Elle menace les Balkans ottomans, en particulier la Moldavie, et donc les rives de la mer Noire. Cinq guerres vont l'opposer durant ce siècle aux Ottomans. En 1620, les Polonais s'intéressent de trop près à la Transylvanie et à la Moldavie, entités vassales de Constantinople ; l'armée ottomane combat l'armée polonaise en Moldavie et, en 1621, rétablit le statu quo ante. En 1633/1634, le gouverneur de la province ottomane de Silistrie engage une nouvelle guerre contre la Pologne qui se termine également par un statu quo. En 1666/1671, la guerre éclate entre les Cosaques soutenus par la Pologne et les Tatars soutenus par les Ottomans : encore une guerre qui se clôt par un statu quo. En 1672, les Ottomans attaquent la République des Deux Nations dans le but de conquérir l'Ukraine occidentale (à l'ouest du Dniepr) ; après des victoires des deux camps, les Ottomans obtiennent la province de Podolie en 1676. La Pologne participe à coté de l'Autriche à la grande guerre de 1683-1689 contre les Ottomans : c'est le roi de Pologne qui oblige tes Ottomans à lever le siège de Vienne ! En récompense de leur aide déterminante, les Polonais retrouvent la Podolie.

- La Russie devient un adversaire redoutable avec l'arrivée au pouvoir des Romanov en 1613. De 1654 à 1667, la Russie combat la République des Deux Nations ; après des défaites et des victoires, la Russie peut annexer des terres polonaises dont la rive gauche du Dniepr avec Kiev. Dès lors, les tsars russes vont chercher l'accès à la mer Noire et, plus loin, Constantinople au nom de l'orthodoxie et de la "troisième Rome". En 1676/1681, la lutte éclate entre la Russie et les Ottomans pour le contrôle de l'Ukraine ; finalement un traité reconnaît la souveraineté russe sur la rive gauche du Dniepr et laisse les Ottomans libres de leurs mouvements à l'ouest (rive droite) ; le khanat de Crimée maintient ses positions en Crimée et sur la mer Noire. En 1686, alors que les Ottomans sont en pleine guerre avec l'Autriche, la régente Sophie décide de s'attaquer au khanat de Crimée : deux campagnes en vue de ses saisir de la Crimée (1687,1688) sont des échecs pour la Russie. En 1694, le nouveau tsar, Pierre Ier (qui n'est pas encore "le Grand") décide de reprendre la guerre contre les Tatars et les Ottomans mais il change l'objectif, Azov et non pas la Crimée. Après une première campagne sans succès, Pierre prend lui-même le commandement de l'armée en 1696 ; il fait construire une flotte fluviale sur le Don, renforce ses troupes par une puissante artillerie montrant ainsi ses capacités de chef militaire. Azov tombe. Le traité de paix de 1700 reconnaît aux Russes Azov et la base navale de Taganrog ; c'est une victoire russe mais incomplète car la non possession du détroit de Kertch limite la flotte russe à la mer d'Azov et lui interdit la mer Noire.

- En 1663 /1664, les Habsbourg essaient de reprendre la Transylvanie mais en vain. Après une paix de 20 ans, en1683, les Ottomans, encouragés par la France, attaquent l'Autriche ; celle-ci s'allie avec la Pologne puis crée la Sainte Ligue avec la papauté, Venise et d'autres : c'est la "grande guerre turque" qui va durer jusqu'en 1699. Le siège infructueux de Vienne puis les offensives de la Sainte Ligue mettent en difficulté les Ottomans. En 1699 le traité de paix (traité de Karlowitz) leur fait perdre la Hongrie et la Transylvanie face à l'Autriche et la Podolie face à la Pologne. Venise conserve la Morée (Péloponnèse), Corinthe et l'ile de Leucade.

- Les guerres avec Venise reprennent en 1645 quand les Ottomans s'attaquent à la dernière grande ile de méditerranée orientale détenue par Venise : la Crète. Il leur faudra de longues années pour arriver à leur fin en 1669. Venise cherche sa revanche en s'alliant avec la Sainte Ligue lors de la "grande guerre turque". Les Vénitiens conquièrent l'ile de Leucade et surtout lancent une offensive en Grèce à partir du Péloponnèse : ils prennent temporairement le contrôle d'Athènes et conservent la Morée et Corinthe.

L'empire Ottoman en 1700 après la perte de la Hongrie, de la Transylvanie, d'Azov et de la Morée. Source Wikipédia.

La mer Noire reste un lac ottoman mais la menace russe se précise en mer Noire.

Vers le déclin face à la Perse, l'Europe et la Russie (1699-1774)

Les sultans de cette époque sont soumis aux volontés des janissaires et des oulémas. Avec leurs vizirs, ils tentent de premières réformes, conscients du décalage entre l'Empire et l'Occident : ce sera en vain. C'est une époque de complots. La régence d'Alger et l'Égypte gagnent en autonomie face à Constantinople. À l'extérieur, les Ottomans doivent faire face aux Perses, à l'Autriche et à la Russie.

Ce seront sept guerres entre 1710 et 1776.

En 1710, Charles XII, roi de Suède battu à Poltava par Pierre le Grand, réfugié à Constantinople, encourage la Porte à affronter la Russie. Pierre le Grand mène son armée à travers la Moldavie, vassale des Ottomans. L'armée turque bat l'armée russe en 1711 lors de la bataille du Prout : encerclé, Pierre, aidée par son épouse Catherine, est obligé de signer sur le champ un traité qui rend Azov aux Ottomans.

En 1714, les Ottomans déclare la guerre à Venise. Rapidement, ils reprennent la Morée (Péloponnèse) et les dernières positions vénitiennes en mer Égée. Dans les iles ioniennes, ils reprennent Leucade et échouent à Corfou. Mais quand ils s'attaquent à la Dalmatie vénitienne, l'Autriche entre en guerre. L'armée autrichienne, commandée par le prince Eugene bat les Ottomans à Novi Sad puis à Belgrade qui est conquise. En 1718, le traité de paix consacre la victoire autrichienne : l'Autriche acquiert le banat de Timisoara, le nord de la Serbie avec Belgrade, une partie de la Bosnie et les marchands du Saint-Empire obtiennent la liberté de commerce avec Constantinople ; Venise perd la Morée mais conserve les iles ioniennes et la Dalmatie.

En 1730, une nouvelle guerre avec les Perses éclate ; après de nombreux combats, le statuquo ante est conservé alors que les Russes ont vaincu les Perses.

En 1735 les Tatars lancent des raids contre la Russie. Celle-ci réplique en attaquant vers la Moldavie et la Crimée. En 1737, l'Autriche se joint aux Russes et attaque dans les Balkans. Mais l'Autriche est battue et la Russie se retire. Les Ottomans retrouvent le nord de la Serbie et Belgrade de la part des Autrichiens ; les Russes reviennent à leur point de départ mais obtiennent une présence civile et commerciale à Azov.

En 1743, le nouveau shah d'Iran, Nader Shah, qui a renversé les Safavides, attaque les Ottomans. Ce sera sans succès notable mais la Géorgie reste sous tutelle perse.

En 1762, une impératrice prend le pouvoir en Russie, Catherine II, bientôt, la Grande. Outre les réformes en Russie, elle se fixe deux grands objectifs de politique extérieure : l'annexion de la Pologne et le “Projet grec“. Ce dernier n'est rien que moins que la destruction de l'empire Ottoman ! Elle recherche ainsi l'accès à la mer Noire, la conquête de Constantinople et des Détroits pour accès à la Méditerranée et la création de nouvelles entités sous tutelle russe. En 1768, effrayés par l'occupation de la Pologne par la Russie, les Ottomans, imprudemment, déclarent la guerre à la Russie. Les Russes lancent l'offensive, prennent Azov puis dans les principautés danubiennes où ils conquièrent laşl en Moldavie et Bucarest en Valachie. En 1770, la flotte russe de la Baltique entre en Méditerranée et détruit la flotte ottomane mais ne peut entrer en mer Noire. En 1771, l'armée russe entre en Crimée qui est conquise avec notamment la cité de Kertch ce qui ouvre la mer d'Azov vers la mer Noire. Mais la Prusse et l'Autriche craignant une trop grande expansion de la Russie interviennent diplomatiquement pour une paix entre la Russie et les Ottomans ; en compensation, les trois larrons se partagent la Pologne ! Le traité de Kutchuk-Kaïnardji en 1774 est signé entre la Russie et l'empire Ottoman : il est très défavorable pour ce dernier.

En voici les clauses :

- Constantinople reconnaît l'annexion russe de l'Ukraine polonaise et l'indépendance du khanat de Crimée.
- Cession à l'empire Russe de places fortes dont Azov.
- Vassalité ottomane de la Moldavie et de la Valachie transformée en un condominium russo-turc.
- Droit d'ingérence russe comme protecteur des orthodoxes de la Roumélie.

- Libre circulation des navires de commerce russe en mer Noire, dans les Détroits et dans des escales du Levant.

La mer Noire n'est plus un lac ottoman !

Vers un “lac russe“ ?

De 1774 à 1878 (congrès de Berlin), la mer Noire est au centre des conflits entre l'Empire ottoman déclinant et l'Empire russe. Les tsars recherchent l'accès aux “mers chaudes“, l'indépendance sous leur tutelle des slaves et orthodoxes des Balkans, la domination du Caucase et, même, la fin des Ottomans à leur profit, Constantinople-Istanbul devenant alors Tsargrad, la nouvelle Byzance.

Victoires russes autour de la mer Noire, 1774-1839

Catherine II la Grande, encouragée par les succès de la guerre ottomane de 1768-1774 veut poursuivre l'avancée de la Russie vers la mer Noire et le Caucase. Elle trouve avec son amant (et mari morganatique ?), Grigori Potemkine, l'allié qui va lui permettre de réaliser ses intentions. Dès 1764, Catherine a créee le gouvernement de la Nouvelle Russie pour protéger le sud de la Russie des incursions tatares. En 1783, elle place la Géorgie orientale sous tutelle russe et annexe purement et simplement la Crimée. En 1783/1784, elle crée l'oblast de Tauride (nom grec de la Crimée) avec la Crimée, les actuels oblasts de Kherson et Marioupol avec sa capitale à Simferopol.

Oblast de Tauride. Source Wikipédia.

Potemkine fonde des villes nouvelles :

- Yekaterinoslav en l'honneur de l'impératrice en 1776 (l'empereur Paul débaptisera la ville en Novorossiisk de 1796 à 1802) ; la ville deviendra Dniepropetrovsk en 1926 (contraction de Dniepr et de Grigori Petrovski, un révolutionnaire soviétique ukrainien) puis depuis 2006 Dnipro en Ukraine.
- Kherson sur le site de l'ancienne Chersonèse en 1778 ; la cité est un port et un chantier naval d'où sort le premier navire de ligne russe en 1783 ; c'est le siège de l'amirauté russe de la mer Noire jusqu'en 1827.
- Marioupol en 1778/1780 avec des émigrés grecs, dénommée Jdanov de 1948 à 1989.

- Sébastopol en 1783 ; port de commerce, base navale et arsenal c'est la base de la flotte impériale russe de la mer Noire puis de l'amirauté.
- Melitopol en 1784 sous le nom de Kyzyl-Jar, puis Novoalexandrovka ne prenant son nom actuel qu'en 1852.
- Nikolaïev en 1789 comme chantier naval ; aujourd'hui, Mykolaïv en Ukraine.

La création de ces villes fait justice du procès que lui font certains de n'avoir créée que des "villages de Potemkine" lors de la visite en Nouvelle Russie de la tsarine (1787). C'est également à lui que l'on doit la création de la flotte de la mer Noire de la marine impériale russe en 1783. Créée à partir des bateaux du Don et de la mer d'Azov, la flotte devient rapidement une entité respectable de plus de 10 navires de ligne avec les frégates correspondantes. Après sa mort en 1791, Catherine poursuit son œuvre en créant en 1794 Odessa du nom féminisé de l'ancienne Odessos (Varna) ; son petit fils, Alexandre Ier en confiera l'urbanisme à l'émigré français, le duc de Richelieu, futur premier ministre de Louis XVIII en France.

Les avancées vers le sud des Russes entrainent les Ottomans à leurs déclarer la guerre en 1787 ; l'année suivante, l'Autriche se joint à la Russie. Les combats se déroulent sur terre et sur mer. Sur terre, les Russes de Potemkine prennent, avec l'appui de leur marine, sur la rive droite du Dniepr, la forteresse d'Otchakov (1788) qui leur ouvre la porte vers la conquête du littoral nord de la mer Noire. Les Autrichiens attaquent en Serbie et prennent Belgrade puis, avec les Russes, ils entrent en Valachie et prennent Bucarest. En 1791, les Autrichiens signent la paix avec les Ottomans et rendent toutes leurs conquêtes. Pendant ce temps, la nouvelle flotte de guerre russe inflige en mer Noire plusieurs défaites à la flotte ottomane. En 1792, la paix est signée entre les empires russe et ottoman : Constantinople reconnaît l'annexion de la Crimée et perd l'Edisan entre le Boug et le Dniestr.

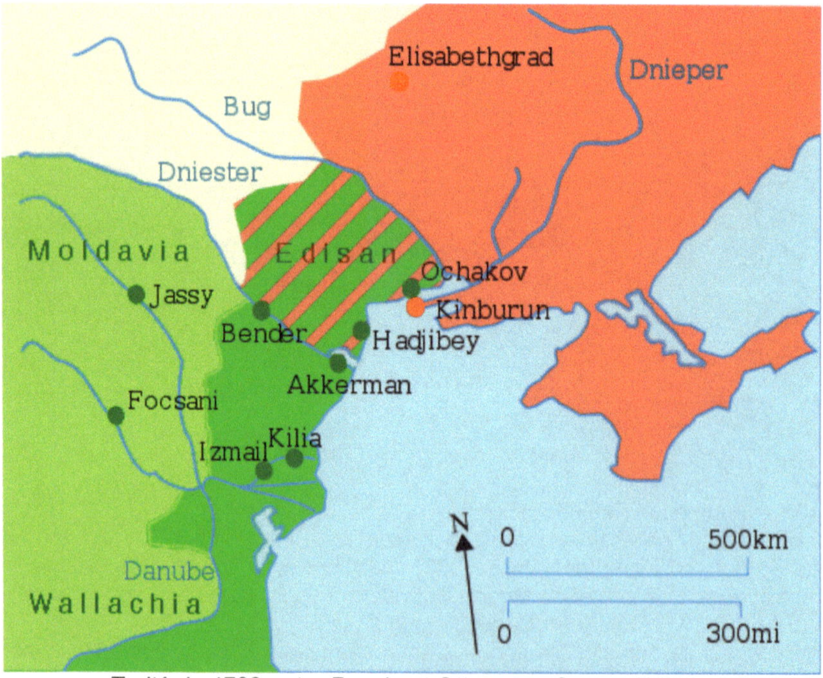

Traité de 1792 entre Russie et Ottomans. Source Wikipédia.

Après une guerre de statu quo contre la Perse en 1796, le décès de Catherine amène au pouvoir son fils Paul Ier. En 1798, un nouvel adversaire apparaît face à l'Empire ottoman : la

France ! En effet Bonaparte envahit l'Égypte des mamelouks, vassaux de Constantinople et, en 1799, il s'attaque directement à l'Empire en Palestine : ce sera en vain. Ces événements conduisent à une alliance entre les Russes et les Ottomans : ceux-ci autorisent le franchissement des Détroits à la flotte russe de la mer Noire qui conquiert les îles Ioniennes alors détenues par la France. Elle retourne en mer Noire en 1800. De plus, Paul Ier participe à la seconde coalition contre la France révolutionnaire : son armée commandée par Souvorov remporte des victoires contre les troupes françaises en Italie du nord et en Suisse. En 1801, la paix sera signée entre la France de Napoléon et l'Empire ottoman (la France abandonne ses prétentions sur l'Égypte) et entre la France et l'Empire russe (la France reconnaît la suzeraineté russe sur les îles Ioniennes).

En 1801, Alexandre Ier monte sur le trône russe suite à l'assassinat de son père. Dès cette année, il annexe la Géorgie orientale. En 1804, il s'attaque à la fois à l'Empire français et au royaume perse Qadjar. Face à la France ce sont les défaites d'Austerlitz, d'Eylau et de Friedland conduisant au traité de Tilsitt (1807) par lequel il rend à la France les îles Ioniennes. Face aux Perses, ses troupes lui permettent la victoire et le traité de paix de 1812 est à la faveur de la Russie. Elle gagne le Daghestan, ce qui est aujourd'hui l'Azerbaïdjan avec l'accès à la Caspienne, la Géorgie occidentale (Abkhazie, Mingrélie à l'exception de quelques forteresses qui restent ottomanes) et donc complète sa domination des rives nord et est de la mer Noire.

En 1806, face à l'appui de la Russie aux insurgés serbes, le sultan ferme les Détroits aux navires russes ; les Russes envoient des troupes vers les provinces danubiennes vassales des Ottomans ; c'est la guerre à nouveau entre la Russie et l'Empire ottoman. Alliée de la Russie, l'Angleterre force les Dardanelles et envoie sa flotte devant Constantinople : ce sera en vain. L'armée russe fait la jonction avec les insurgés serbes menés par Karageorges. Mais les contre offensives ottomanes et les exigences de Napoléon à la paix de Tilsitt conduisent à un armistice : les troupes russes quittent les principautés danubiennes et les Ottomans autorisent le passage des Détroits à une flotte russe vers la mer Noire. La guerre reprend en 1809 quand les Serbes lancent une offensive contre les Ottomans ; les Russes interviennent à nouveau. À la paix de Bucarest, en 1812, la Russie obtient la partie orientale de la Moldavie entre le Dniestr et le Prout (l'essentiel de la Moldavie actuelle) avec sa porte sur la mer Noire, le Boudjak.

Ainsi à partir de 1812, deux puissances s'opposent en mer Noire, les empires Russe et Ottoman.

De cette à date à 1839, les sultans successifs vont tenter de moderniser en priorité l'armée et la marine. Pour cette dernière, il s'agit de passer des galères aux navires de ligne à voiles, vaisseaux et frégates. Ils ressentent la nécessité de réformes civiles profondes mais se heurtent aux oulémas et aux janissaires. En 1828, dans la douleur, ce corps pluri centenaire sera supprimé et ses membres tués ou exilés. En 1821-1823, une guerre oppose les Ottomans aux Perses mais sans résultat de part et d'autre.

Dès 1820, l'Épire cherche en vain son indépendance. En 1820/1821, les Grecs lancent leur guerre d'indépendance d'abord par une incursion en Valachie et Moldavie pour soutenir les insurrections locales ; c'est un échec face à la réaction ottomane. Par contre en 1821, ils réussissent à conquérir le Péloponnèse, des îles en mer Égée et des positions dans le reste du pays dont Athènes. Le premier janvier (calendrier julien) 1822, à Épidaure, l'assemblée nationale proclame l'indépendance de la Grèce. La réaction ottomane est brutale : massacres de Chios et de Constantinople, reconquête du nord de la Grèce. Les réactions en Europe furent un élan de sympathie pour les insurgés grecs mais la Sainte-Alliance ne vint pas à leur secours. Malheureusement, les Grecs se disputent entre eux et une guerre civile larvée éclate ! En 1825, les Ottomans appuyés par les Égyptiens reprennent la quasi totalité du Péloponnèse : le siège de Missolonghi en 1826 reste dans l'histoire avec la mort de Lord

Byron. En 1827, c'est Athènes qui tombera. Les insurgés ne détiennent plus que Nauplie et Hydra ; le sultan refuse tout compromis ; une flotte franco-russo-britannique détruit la flotte ottomane à Navarin (dernière grande bataille navale de la marine à voile !) en octobre 1827 ; à noter que la flotte russe est celle de la Baltique et non de la mer Noire qui ne peut franchir les Détroits. En 1828, un corps expéditionnaire français débarque en Morée (Péloponnèse) et libère la péninsule.

En Russie, Nicolas Ier succède à son frère en 1825 et adopte une politique extérieure plus agressive. Dès 1826, c'est la guerre entre la Russie et la Perse pour la domination du Caucase. Guerre victorieuse pour la Russie qui gagne au traité de paix de 1828 l'Arménie, le droit exclusif de navigation en mer Caspienne et des avantages commerciaux en Perse. Le Caucase du sud devient terre russe dans la vice-royauté du Caucase. Une nouvelle nation arménienne nait autour d'Erevan.

Nicolas Ier déclare la guerre à l'Empire ottoman en 1828 en conséquence des événements en Grèce. Une armée russe traverse le Danube et progresse vers le sud le long de la mer Noire ce qui lui permet de recevoir l'appui de la marine. Una autre armée attaque par le Caucase et atteint l'Anatolie. En 1829, l'armée du Danube est à quelques dizaines de kilomètres de Constantinople et l'armée du Caucase approche de Trébizonde. Le sultan doit signer le traité d'Andrinople (Edirne) qui donne à la Russie le delta du Danube, la Circassie (région russe actuelle de Krasnodar), la Géorgie, l'Arménie ; la Serbie voit son autonomie confirmée et étendue. De plus, le sultan est obligé d'accepter le protocole de Londres (1830) qui consacre une Grèce indépendante (Péloponnèse ; sud de la Grèce continentale, Cyclades).

1829. Les deux puissances, Russie et Ottomans face à face. Source Wikipédia.

De 1831 à 1833, le sultan doit faire face au gouverneur de l'Égypte, Méhémet Ali. Les Égyptiens gagnent et le sultan est obligé de faire appel à la Russie ! L'Égypte obtient la Syrie et la Cilicie. Un nouveau traité est signé entre la Russie et les Ottomans : il prévoit une assistance mutuelle entre les deux pays ; le sultan promet de fermer les Détroits à tout navire non-russe en cas de guerre contre celle-ci ! L'emprise de la Russie sur l'Empire ottoman s'accroit.

Un malheur n'arrivant jamais seul, la France envahit en 1830 l'Algérie et en commence la colonisation.

Face à cette situation, les sultans poursuivent leurs tentatives de réformes en s'attaquant aux réformes civiles. En fin 1839, est signé le "Hatt-i Sharif" de Gülhane qui inaugure l'ère des "Tanzîmât" ("réorganisation").

Vers un coup d'arrêt de la Russie en mer Noire, 1839-1878

Cette période correspond à l'ère des Tanzîmât pour l'Empire ottoman ou ère des réformes qui aboutit à la promulgation en 1876 de la première Constitution. Mais comme le déclare en 1853 le tsar Nicolas Ier, l'Empire ottoman est un "homme malade" et les luttes pour le dominer s'accentuent.

C'est d'abord le conflit entre les Ottomans et les Égyptiens. La France et l'Angleterre interviennent militairement et diplomatiquement. En 1841 le traité de Londres rend la Syrie et la Cilicie au sultan et attribue l'Égypte à Muhamed 'Ali, à titre héréditaire, moyennant une reconnaissance de pure forme à l'Empire ottoman. En même temps une Convention des Détroits est signée les fermant aux navires de guerre en temps de paix mais le sultan peut octroyer ce droit de passage à ses alliés en cas de guerre. La situation est difficile pour les Ottomans en Crète et au Liban suite à ce conflit avec l'Égypte.

Dans les Balkans, la vague des révoltes de 1848 atteint Bucarest où l'indépendance de la Roumanie (Valachie et Moldavie) est proclamée. Les Ottomans et les Russes, les deux puissances protectrices, interviennent en force : la révolution est un échec et la tutelle russo-ottomane sur la nouvelle Roumanie est confirmée.

En 1853, une querelle ecclésiastique autour de l'accès à l'église de Bethleem est le prétexte à la guerre de Crimée : en fait, l'Angleterre veut arrêter l'expansion russe au détriment de l'Empire ottoman et la France de Napoléon III veut retrouver sa place dans le concert des Nations. Le tsar Nicolas Ier décide d'occuper la Moldavie et la Valachie jusqu'au Danube : le sultan Abdlülmecid Ier (sultan de 1839 à 1861) déclare la guerre. Les combats ont lieu sur le Danube et dans le Caucase. Alors que sur le Danube le front se stabilise, les Russes remportent des victoires dans le Caucase ; de plus, leur flotte détruit la flotte ottomane de la mer Noire au large de Sinop. Devant ces défaites ottomanes, la France et le Royaume-Uni décident de faire entrer leur flotte, déjà présente en mer Égée, en mer Noire : en mars 1854, les deux pays déclarent la guerre à la Russie. Les troupes franco-anglaises débarquent à Varna alors que les Ottomans vainquent les Russes sur le Danube et maintiennent leur position dans le Caucase. Les alliés anglais et français lancent des offensives navales en Extrême-Orient, en mer Blanche, en mer Baltique et en mer Noire (bombardement d'Odessa) et décident d'une offensive terrestre en Crimée pour prendre la base navale de Sébastopol. En septembre 1854, les alliés débarquent au nord de Sébastopol et battent les Russes à l'Alma ce qui leurs permet de lancer le siège de Sébastopol. Jusqu'à novembre, des combats furieux se tiennent quand les Russe cherchent à briser le siège. Puis l'hiver arrive, les troupes se font face et les pertes pour maladie les déciment. En janvier 1855, les alliés reçoivent l'appui du royaume de Sardaigne. Les actions offensives reprennent et, après de très durs combats, Sébastopol tombe suite à la prise de la tour de Malakoff par les Français et du Grand Redan par les Britanniques (septembre 1855). Mais la guerre n'est pas finie : la presqu'ile de Kertch est conquise et une campagne navale a lieu en mer d'Azov, des troupes débarquent à l'embouchure du Dniepr, les Russes emportent des succès dans le Caucase. Pendant ce temps les troupes alliées doivent passer un second hiver en Crimée et subissent des pertes terribles par maladie. Un traité est signé à Paris mettant fin à la guerre ; il prévoit :

- la démilitarisation de la mer Noire (la Russie dénoncera ce point en 1871, profitant de la défaite de la France) et un statut international pour les Détroits,
- la création de la Commission européenne du Danube,
- l'intégrité de l'Empire ottoman,
- l'autonomie confirmée de la Moldavie, de la Valachie et de la Serbie, tributaires de l'Empire ottoman mais sous la garantie internationale,

- la Russie perd une bande de territoire au nord des bouches du Danube au profit de la Moldavie et ces mêmes bouches au profit des Ottomans.

La mer Noire ne sera pas un lac russe ! Mais le tsar Alexandre II ne s'avoue pas vaincu ! Les révoltes dans les Balkans contre l'empire Ottoman vont lui donner l'occasion d'une revanche. La Russie déclare la guerre en avril 1877. La guerre a lieu sur deux fronts : en Anatolie orientale et dans les Balkans. Après une résistance de l'armée ottomane, les Russes l'emportent alors que la Serbie et le Monténégro créent un nouveau front en Macédoine. En décembre les troupes russes qui ont pris Sofia et Edirne sont à moins de 100 kilomètres d'Istanbul. En mars 1878, le sultan et le tsar signent le traité de San Stefano qui accorde à la Russie tout ce qu'elle demande ; parallèlement, le sultan dissout le Parlement que la Constitution accordée en 1876 avait crée : l'empire Ottoman retrouve l'autocratie pour trente ans. Mais les Puissances, Angleterre, Autriche, Allemagne, ne peuvent accepter ce triomphe russe. Bismarck convoque une conférence à Berlin pour établir un nouveau traité. Ce traité sera plus favorable aux Ottomans... qui ont payé l'appui de l'Angleterre en leurs cédant Chypre. Le traité de Berlin, signé en juillet 1878, stipule :

- L'indépendance du Monténégro, de la Roumanie et de la Serbie est affirmée définitivement.
- La Bulgarie est partagée entre une principauté indépendante au nord avec Sofia et au sud la Roumélie orientale rattachée au sultan (au grand dépit des Bulgares qui voulaient une "grande Bulgarie").
- La Bosnie et l'Herzégovine demeurent nominalement ottomanes mais c'est l'Autriche-Hongrie qui administre (au grand dépit de la Serbie).
- La Roumanie gagne la Dobroudja mais cède la Bessarabie à la Russie.
- La Macédoine reste ottomane (au grand dépit de la Grèce).
- Trois provinces de l'Anatolie orientale vont à la Russie qui s'engage à protéger les Arméniens.

La mer Noire n'est plus démilitarisée. La Roumanie et la principauté de Bulgarie y ont accès. Les pays riverains peuvent y créer une flotte de guerre. Le commerce est libre y compris à travers les Détroits. Pour ceux-ci, concernant les navires de guerre, le sultan peut en autoriser le passage à ses allés en cas de besoin : la flotte russe de la Mer Noire est ainsi confinée à la mer Noire.

Mer des conflits

Durant tout le vingtième siècle, la mer Noire va être dans tous les conflits européens : guerres balkaniques, Grande Guerre, guerres civiles, seconde guerre mondiale, guerre froide. Une nouvelle géopolitique n'apparaitra qu'au début des années 1990 avec la fin de l'URSS.

Une période de calme

De 1878 jusqu'aux premières années du vingtième siècle, la situation autour de la mer Noire évolue mais sans guerres importantes. Empires ottoman et russe tentent de rattraper l'économie des puissances occidentales ; la Bulgarie et la Roumanie émergent en tant que nations.

L'empire Ottoman, sous la direction du sultan Abdülhamid II, revient à l'autocratie en s'appuyant notamment sur l'islam dont il est calife et tente un dernier sursaut. Mais il lui faut accepter de nouvelles pertes de territoire :

- en 1881, la Thessalie et la majorité de l'Épire sont remises à la Grèce,
- en 1881 également, la Tunisie passe sous protectorat français,
- en 1882, les anglais occupent militairement l'Égypte,
- en 1885, la Roumélie orientales est annexée par la Bulgarie,

L'Empire ne possède plus en Europe qu'un corridor macédonien (Salonique, Monastir, Kosovo) et en Afrique que la Tripolitaine et la Cyrénaïque : il lui reste essentiellement des terres asiatique, Anatolie, Syrie, Liban, Irak, Palestine, Lieux Saints en Arabie. En politique étrangère, le sultan s'éloigne de l'Angleterre et de la France au profit du nouvel empire Allemand. L'état hamidien (du nom du sultan) doit faire face à la montée du nationalisme arménien : une première répression génocidaire s'ensuit en 1894/1895. Les difficultés économiques conduisent le pays à s'endetter auprès des puissances européennes qui le mettent en conséquence sous contrôle ; en contrepartie, des investissements permettent un développement économique certain. À partir du début du nouveau siècle, une nouvelle opposition nait et se renforce : les Jeunes-Turcs qui créent le comité "Union et Progrès" ; la situation économique et sociale se dégrade et les Jeunes-Turcs vont passer à 'action.

En Russie, le tsar Alexandre II est assassiné en 1881 par les nihilistes : c'est lui qui a mis fin au servage ! Suite à la guerre de Crimée, il est conscient de la nécessité des réformes sociales et économiques. Il comprend que les puissances européennes ne le laisseront pas dépecer l'empire Ottoman et contrôler les Détroits : il dirige les ambitions de la Russie vers le Caucase, l'Asie centrale, l'Extrême-Orient. Son fils, Alexandre III (1881-1894) mène une politique intérieure réactionnaire et met en place une russification forcée des minorités ainsi qu'une politique antisémite. L'essor économique se confirme grâce notamment aux prêts français ("les emprunts russes"). En politique extérieure, il échoue dans sa politique bulgare, poursuit les avancées en Asie centrale (Turkménistan, Pamir) ce qui l'oppose à l'Angleterre qui craint pour les Indes. Mais surtout en 1892, malgré les différences de régime, il conclut l'Alliance Franco-Russe. À son tour, son fils, Nicolas II (1894-1917) poursuit une politique autoritaire, la modernisation de l'économie par des emprunts étrangers, le développement territorial en Extrême-Orient et l'alliance avec la France. En Asie, la volonté russe de s'attribuer la Mandchourie et la Corée se heurte aux ambitions du nouveau Japon : la guerre éclate en février 1904. La flotte russe du Pacifique est détruite à Port Arthur qui tombe ensuite car l'armée japonaise a vaincu l'armée russe à Moukden. La Russie envoie alors sa flotte de la Baltique qui est détruite à son arrivée lors de la bataille de Tsushima. En septembre 1905, un traité acte la défaite russe. Pendant ce temps éclate la révolution de 1905 (janvier – octobre) qui aboutit à la création d'un régime quasi constitutionnel... qui sera un échec. Un épisode marquant se déroule en mer Noire : la mutinerie du cuirassé Potemkine (juin-juillet 1905) qui sera magnifiée par Eisenstein vingt plus tard dans un magnifique film de propagande soviétique : chacun connaît l'épisode des escaliers d'Odessa !

Les Principautés unies de Roumanie (Moldavie et Valachie) deviennent la Roumanie indépendante en 1878 au traité de Berlin ; le pays acquiert les deux tiers nord de la Dobroudja ce qui lui donne plein accès à la mer noire, notamment avec le port de Constanţa. En 1881, le pays devient le royaume de Roumanie avec pour souverain le prince des Principautés unies, Carol Ier (1881-1914) de la famille des Hohenzollern-Sigmaringen. Le pays se modernise rapidement. En politique extérieure, le roi se rapproche de l'Allemagne alors que l'opinion publique est plutôt francophile.

En 1878, sont crées au nord la principauté de Bulgarie, autonome mais théoriquement sous suzeraineté ottomane et au sud la Roumélie orientale province ottomane. La principauté prend comme souverain un Battenberg, Alexandre Ier. En 1885, la Roumélie orientale décide son rattachement à la principauté. Le pays complète ainsi sa façade sur la mer Noire alors que le port de Varna est déjà bulgare depuis 1878. Après une guerre victorieuse contre la Serbie, la lutte d'influence entre l'Autriche Hongrie et la Russie conduit à l'abdication d'Alexandre en 1886 et son remplacement par un prince de la maison Saxe Cobourg et Gotha, Ferdinand Ier. En 1908, la principauté proclame son indépendance et devient le royaume de Bulgarie avec à sa tête un tsar. Le pays s'est développé économiquement et s'est doté d'une armée efficace avec l'aide de l'Allemagne.

En mer Noire, le trafic commercial se développe avec notamment les exportations de céréales de la Russie et les importations de biens d'équipement vers la Russie, la Bulgarie et la Roumanie. Pour les flottes militaires, les Ottomans négligent leur marine au profit du renforcement de leur armée et des défenses côtières, la Bulgarie et la Roumanie n'ont que de faibles marines côtières. C'est la Russie qui domine avec sa flotte de Sébastopol et prépare dans les chantiers de Nikolaïev la construction de cuirassés dreadnoughts de nouvelle génération. Les rives russes de la mer Noire deviennent des centres de villégiature pour la famille impériale, la noblesse et la haute bourgeoisie ; notamment, Yalta en Crimée est fréquentée par les tsars et... par Tchékhov avec sa "Damé au petit chien".

Guerres balkaniques

En 1908, les "Jeunes Turcs" du Comité Union et Progrès (CUP) obligent le sultan à mettre fin à l'autocratie. Une désorganisation de l'empire s'ensuit. En profitent la Bulgarie qui proclame son indépendance, l'Autriche-Hongrie qui annexe la Bosnie-Herzégovine et la Crète qui se rattache à la Grèce. En 1909, le sultan tente une contreréforme que le CUP fait échouer : le sultan démissionne et est remplacé par un demi-frère qui n'aura plus qu'un rôle très limité. Le CUP, au pouvoir, doit faire face à l'opposition des traditionalistes et des religieux. Mais surtout, profitant de cette faiblesse ottomane, l'Italie attaque et conquiert la Libye et le Dodécanèse en 1911-1912. Cette victoire qui met en évidence la faiblesse ottomane va encourager la révolte des pays balkaniques.

Les royaumes de Bulgarie, de Grèce, du Monténégro et de Serbie s'unissent dans la Ligue balkanique : c'est la première guerre balkanique qui les oppose à l'empire Ottoman. Celui-ci est vaincu, perd toutes ses terres balkaniques que les vainqueurs se partagent (octobre 1912-mai 1913). De plus, l'Albanie obtient sa création en tant qu'état indépendant. Mais la Bulgarie en veut plus en Macédoine : c'est la seconde guerre balkanique qui l'oppose à la Grèce, à la Serbie et... à l'empire Ottoman. La Bulgarie est vaincue en un mois et doit renoncer à Edirne rendue aux Ottomans et à la Dobroudja du sud cédée à la Roumanie.

Ces guerres ne touchent que peu la mer Noire. Des batailles navales ont lieu entre les marines grecque et ottomane en mer Égée. En décembre 1912, la plus grande bataille navale a lieu à l'embouchure des Dardanelles : elle oppose, du coté ottoman, 4 cuirassés pre-dreadnoughts achetés à l'Allemagne avec 1 croiseur et 4 destroyers à, du coté grec, 1 croiseur cuirassé moderne, 3 cuirassées de construction ancienne et 7 destroyers. Cette bataille donne la domination de la mer Égée à la Grèce et permet à la Grèce de posséder les iles de la mer Égée à l'exception de 2 iles à l'entrée des Dardanelles qui restent ottomanes et du Dodécanèse italien. Elle conduit les Ottomans à commander, par souscription publique, deux cuirassés modernes à la Grande-Bretagne. Pour son armée de terre, l'Empire accentue sa coopération avec l'Allemagne.

PÉNINSULE DES BALKANS EN 1913

Grande guerre

La mer Noire est prise dans les tourments de la Grande guerre. C'est cet aspect de la tragédie de 1914-1918 qui est décrit ici.

1914

En aout 1914, la guerre éclate suite à la suite de l'assassinat de l'héritier du trône d'Autriche-Hongrie à Sarajevo par un Serbe. Empire britannique, France, Empire russe, Serbie affrontent l'Empire allemand et l'Autriche-Hongrie. L'Empire ottoman hésite sur sa position. Un événement naval va précipiter sa décision. Deux navires allemands de la flotte de la Méditerranée, le croiseur lourd Goeben et le croiseur léger Breslau, échappent à deux flottes britanniques et demandent refuge à Constantinople ; les Jeunes Turcs, poussés par l'opinion publique alors que l'Angleterre vient de saisir les deux navires commandés, acceptent : les navires allemands deviennent ottomans, Yavuz Sultan Selim et Midilli, et leur amiral devient chef de la marine ottomane. De plus, les Ottomans bloquent les Détroits et accroissent la défense des Dardanelles, champs de mines et puissante artillerie. En octobre, les deux navires ex-allemands bombardent Odessa, Sébastopol et Novorossisk et la guerre est déclarée entre l'Empire ottoman et les Alliés. Le sultan qui aussi calife proclame la guerre sainte.

À la déclaration de guerre, les Ottomans doivent faire face à la Russie en mer Noire et au Caucase, à l'Empire britannique autour de l'Arabie et en Mésopotamie et aux flottes britannique et française qui exercent un blocus immédiat.

Dans les Balkans, la Serbie réussit à maintenir ses positions face à l'Autriche-Hongrie. Cette dernière perd la Galicie et la Bucovine face aux Russes. Pour les Ottomans, c'est la guerre terrestre dans le Caucase face aux Russes et en Mésopotamie face aux Britanniques et la guerre navale en mer Noire. Dans le Caucase, les Ottomans tentent une vaine offensive mais les Russes résistent et prennent l'avantage. En Mésopotamie, les Britanniques qui ont un accord avec le Koweït prennent le contrôle de Bassora et de ses capacités pétrolières. En mer Noire, l'affrontement entre les flottes ottomane et russe commence ; les Russes bombardent Trabzon, minent l'entrée du Bosphore, attaquent les convois vers le Caucase ; les Ottomans, profitant de la supériorité des deux ex croiseurs allemands dominent en haute mer.

1915

Année bien difficile pour les Alliés sur le front sud de la guerre au delà des défaites russes en Galicie: difficultés russes dans le Caucase et génocide arménien et assyrien, échec de l'opération des Dardanelles, entrée en guerre de la Bulgarie compensée par celle de l'Italie, défaite de la Serbie et du Monténégro, offensive ottomane vers le canal de Suez et défense de Bagdad en Irak, équilibre difficile en mer Noire avec l'arrivée des sous-marins allemands.

Sur le front du Caucase, ce sont une succession de victoires et de défaites entre les Russes et les Ottomans mais à la fin les Russes conservent leur avance y compris la ville de Van car les Ottomans considèrent ce front comme secondaire par rapport à la bataille des Dardanelles. Durant les combats, les populations arméniennes locales se rallient à la Russie. Les Jeunes Turcs décident alors ce qui devient le génocide arménien et assyrien visant toutes ces populations dans l'Empire : ce sont massacres et déportations mortelles. Dès lors pour le peuple arménien, c'est soit la mort, soit l'exil vers la diaspora, soit le repli avec les Russes vers Erevan pour créer la "petite" Arménie d'aujourd'hui.

Début 1915, la Russie ne peut recevoir d'aide des Occidentaux car les Détroits sont bloqués par les Ottomans ; de plus, la Russie souhaite une intervention occidentale pour soulager ses troupes engagées dans le Caucase ; enfin, le blocage du front en France où règne la guerre des tranchées conduit Winston Churchill, influent ministre de la Marine britannique, à proposer de forcer les Dardanelles. En mars 1915, une flotte franco-britannique de 18 cuirassés d'ancienne génération accompagnés par les croiseurs et destroyers tente vainement de forcer le passage et subit de lourdes pertes. Devant cet échec, les Alliés décident une opération terrestre. Fin avril, les Britanniques et les forces australienne et néo-zélandaise débarquent sur la cote nord du détroit, dans la presqu'ile de Gallipoli alors que les Français débarquent sur la rive asiatique. Les troupes ottomanes, commandées par un général allemand font mieux que résister : un jeune colonel se fait remarquer dans les combats, Mustafa Kemal, le futur Atatürk. S'en suivent des mois de combats meurtriers qui ne permettent aucune percée des Alliés. La bataille terrestre est appuyée par une guerre des sous-marins : les Allemands en mer Égée et les Anglais en mer de Marmara. En octobre, une partie des forces alliées est transférée vers Salonique pour ouvrir un nouveau front et aider la Serbie et d'autres vers l'Égypte menacée. Entre décembre 1915 et janvier 1916, les Alliés rembarquent et abandonnent la presqu'ile de Gallipoli, un des échecs sanglants de la première guerre mondiale.

En mai 1915, l'Italie déclare la guerre à l'Autriche-Hongrie (et pas à l'Allemagne) : en effet, elle a rejoint la Triple Alliance contre des promesses territoriales. Durant toute l'année 1915, l'Italie attaque mais n'obtient que des succès limités. Le royaume de Bulgarie décide en septembre 1915 de rejoindre la Triplice qui devient ainsi la Quadruplice. L'Allemagne et l'Autriche-Hongrie sont heureuses d'accueillir un nouveau partenaire qui apporte une armée et permet la communication terrestre avec l'empire Ottoman ; la Bulgarie cherche à acquérir de nouveaux territoires aux dépens de la Grèce, de la Serbie et de la Roumanie. Dès octobre, les troupes bulgares avec des troupes allemande et autrichienne attaquent et conquièrent la Serbie puis le Monténégro. En décembre, les restes de l'armée serbe avec le roi font retraite à travers l'Albanie vers l'Adriatique où les navires alliés peuvent les sauver. Par ailleurs, dès octobre, avec l'accord de la Grèce (neutre !), les Alliés créent l'Armée d'Orient à Salonique et attaquent la Bulgarie : ce sera un échec offensif et les alliés doivent se replier sur le camp retranché de Salonique.

L'empire Ottoman fait face aux Britanniques en Égypte et en Mésopotamie. En aout 1914, l'Égypte, bien qu'occupée par les Britanniques, étaient encore dans l'orbite ottomane : pour faire cesser cet état de fait, les Britanniques imposent leur protectorat notamment pour protéger le canal de Suez, vital pour leur relation avec l'Inde. Ils se replient sur la rive occidentale du canal laissant libre le Sinaï. Dès janvier/février 1915, les Ottomans lancent un raid vers le canal mais doivent se replier, la ligne de front s'établissant au milieu du Sinaï. Malgré de nouveaux raids, le canal reste ouvert. En Mésopotamie, les Britanniques remontent le Tigre et l'Euphrate vers Bagdad. En novembre, ils arrivent à 25 kilomètres de

Bagdad mais doivent se replier et s'établir dans la ville de Kut, à 160 kilomètres de Bagdad, où ils sont encerclés par les Ottomans.

En mer Noire, la flotte russe met à l'eau deux cuirassés modernes ce qui va annuler l'avantage dont dispose la flotte ottomane avec ses deux croiseurs allemands. Mais la marine ottomane dispose de l'appui de sous-marins allemands basés à Constantinople et acquiert l'usage de la petite marine bulgare et du port de Varna. Les combats ont surtout lieu lors de l'appui de la marine aux troupes ottomanes du Caucase.

1916

C'est l'année des grandes offensives meurtrières mais inconclusives : offensive allemande de Verdun, offensive britannique de la Somme, offensive russe dite de Broussilov, offensive autrichienne du Trentin.

Un nouveau pays entre en guerre : la Roumanie abandonne sa neutralité et, en août, rejoint les Alliés. Après des succès initiaux en Transylvanie, les armées autrichienne, allemande et bulgare conquièrent toute la Valachie y compris Bucarest, les troupes roumaines se repliant en Moldavie en s'appuyant sur la Russie. En mer Noire, la Quadruplice acquiert le port de Constanţa.

Dans le Caucase, les Russes lancent une offensive qui défait les Ottomans : Trabzon tombe, les Russes sont aux portes de l'Anatolie. Le sultan fait appel à son meilleur général ("pacha"), Mustafa Kemal qui stabilise le front. En Perse, la cité de Kurt tombe et de nombreux britanniques sont fait prisonniers. En Égypte, malgré des raids ottomans, les Britanniques maintiennent la navigabilité du canal de Suez. Dans la péninsule arabique, s'élève la grande révolution arabe antiturque.

L'influence britannique au Moyen-Orient s'accentue, non sans une certaine duplicité :

- en 1915/1916, les Anglais appuient le projet de révolution arabe du Cherif de La Mecque, Hussein, en lui promettant un grand état arabe unique sur les débris de l'empire Ottoman,
- en 1916, par les accords Sykes-Picot, ils se partagent ces mêmes terres entre eux (Irak, Jordanie, Palestine) et la France (Liban, Syrie),
- en 1917, par la déclaration Balfour, ils promettent au Sionisme un "foyer national juif" en Palestine,
- mainmise sur les gisements pétroliers de l'Irak, du Koweït, de l'Iran,
- confirmation de la présence en Égypte.

En mer Noire, les forces de surface font jeu égal : les nouveaux navires russes font face à une marine ottomane dont les deux croiseurs ex allemands vieillissent. Les sous-marins allemands de la flottille de Constantinople font subir des pertes importantes aux navires marchands russes. La perte de Trabzon est compensée, à l'ouest de la mer Noire, par l'utilisation des ports de Bulgarie et de Roumanie.

1917

Année des ruptures ! Les États-Unis rejoignent les Alliés et la Russie entre en révolution. Si l'entrée en guerre des Américains n'a que peu d'influence à l'orient il n'en n'est pas de même pour la double révolution russe. Sur le front occidental, les Allemands bloquent les offensives très couteuses des Français (Chemin des Dames) et des Britanniques (Passchendaele) et raccourcissent leur front alors que les Autrichiens infligent la terrible défaite de Caporetto aux troupes italiennes.

Sur le front russe, le pouvoir républicain qui a mis fin au régime tsariste poursuit la guerre... mais sans succès du fait de la démoralisation de la troupe. Dès la prise de pouvoir, Lénine et les bolcheviks veulent cesser la guerre et un armistice est signé en décembre.

Privés de l'appui russe, les Roumains doivent à leur tour signer l'armistice. La Quadruplice est victorieuse ! Sur le front du Caucase, un armistice est également signé entre la Russie et l'Empire ottoman alors que l'Arménie, la Géorgie et l'Azerbaïdjan créent un Commissariat avec une assemblée élue opposée aux bolcheviks.

Face aux Britanniques, alors que le front de Perse est calme, la révolution arabe est en marche face aux Turcs. Mais ceux-ci résistent et les Britanniques sont bloqués devant Gaza. Ce n'est qu'en fin d'année que le front ottoman est percé et que les Britanniques occupent la Palestine et Jérusalem.

En mer Noire, les effets des révolutions affaiblissent la marine impériale russe. Des combats sporadiques ont encore lieu mais, à la fin de l'année, la flotte russe n'est plus opérationnelle suite aux révoltes des marins. L'Ukraine proclame son indépendance de l'Empire russe. La Crimée est disputée entre Russes et Ukrainiens.

1918

Année de la fin de la Grande Guerre ! Sur le front occidental, les Allemands tentent l'offensive de la dernière chance mais sont repoussés par les armées américaine, britannique et française : la défaite militaire et la lassitude civile amènent la fin de l'Empire allemand et l'armistice du 11 novembre. Sur le front italien, l'armée italienne rénovée et appuyée par les Alliés vainc l'armée de l'Autriche-Hongrie dont les troupes slaves désertent : l'armistice est signé le 3 novembre et le 11 l'empereur/roi renonce au trône mettant ainsi fin à la Double Monarchie des Habsbourg.

Sur le front oriental, les bolcheviks hésitent à signer un traité suite à l'armistice : les Allemands lancent, en février, une offensive d'occupation de grande ampleur.

Devant les hésitations des bolcheviks, les Allemands et les Autrichiens occupent les provinces baltes, la Biélorussie et l'Ukraine.

Finalement, en mars, Lénine décide de signer le traité de Brest-Litovsk qui ampute la Russie des territoires occupés par les Austro-Allemands. Ce traité est précédé par un traité spécifique avec la République d'Ukraine, crée dès 1917. Jusqu'en novembre, ces territoires sont administrés directement ou indirectement par l'Allemagne. En Russie, la terreur rouge commence et la guerre civile éclate dès fin 1917 et se poursuit en 1918 sur l'ensemble du pays. La mer Noire est de fait entre les mains des Empires centraux. La Roumanie, privée du soutien russe, doit signer, en mai, le traité de Bucarest qui la soumet de fait aux Allemands. Les Turcs ont repris les places perdues dont Trabzon et ont gagné la bataille du Caucase jusqu'à Bakou face aux Arméniens, Géorgiens, Azéris malgré une tentative britannique en Caspienne.

À partir de Salonique, l'Armée d'Orient renforcée par les forces grecques (la Grèce n'est officiellement avec les Alliés que depuis juin 1917) passe à l'offensive en septembre et la Bulgarie doit signer l'armistice à la fin de ce mois. L'offensive se poursuit en Macédoine vers Constantinople. Pour l'Empire ottoman, le front arabe est un désastre. En septembre et octobre, les troupes turques, commandées par Mustafa Kemal, sont repoussées au nord de leur ligne de défense en Galilée : Damas, Beyrouth, Homs, Alep tombent devant les troupes britanniques appuyées par les révolté arabes. Ces défaites en Macédoine et aux portes de l'Anatolie conduisent à l'armistice de Moudros (dans l'ile de Lemnos) le 30 octobre entre les Alliés et l'Empire ottoman. Celui-ci est réduit à l'Anatolie. Les Alliés peuvent occuper les Détroits avec Constantinople et Batoumi. L'armée est démobilisée.

Les différents armistices d'octobre et novembre mettent fin à la Grande Guerre… mais les traités de paix sont à venir et la dislocation des empires allemand, autrichien, ottoman, russe et des royaumes de Bulgarie et de Hongrie provoque une flambée de guerres civiles.

Guerres civiles et nouvelles frontières

De 1918 à 1923, les rives de la mer Noire sont la scène de changements profonds de régime et de frontière dans la terreur des guerres qui suivent la fin officielle de la première guerre mondiale.

Début 1919, la Roumanie est attaquée à l'est par les bolcheviks russes et, à l'ouest, par les Hongrois du communiste Béla Kun ; avec l'aide de la France, les bolcheviks sont repoussés et les troupes roumaines atteignent Budapest où le régime de Kun s'effondre. La Roumanie fait partie des vainqueurs de la guerre et s'agrandit pour réaliser le rêve de la "Grande Roumanie". En effet :

- dès début 1918, la Bessarabie (Moldavie actuelle) est prise à la Russie et annexée,
- en novembre 1919, le traité de Neuilly entre les Alliés et la Bulgarie lui octroie la Dobroudja du sud,
- en décembre 1919, le traité de Saint-Germain entre les Alliés et l'Autriche lui permet d'annexer la Bucovine au nord,
- en juin 1920, le traité de Trianon entre les Alliées et la Hongrie lui donne son plus grand gain territorial à l'ouest avec la Transylvanie et le Banat.

Avec ces annexions, le pays double sa superficie ; la population fait plus que doubler mais avec près de 30 % de non roumains. Le roi Ferdinand Ier et, surtout, son épouse, la reine Marie sont populaires. Entre 1921 et 1923, de nombreuses réformes sont mises en œuvre et le royaume devient une démocratie parlementaire. L'économie reste encore très agricole mais Bucarest devient le "Petit Paris" et Constanţa est le port le plus important de la mer Noire.

La Bulgarie fait partie des vaincus et doit en payer le prix avec le traité de Neuilly. Outre ses conquêtes qu'elle doit rendre, elle perd des cantons à l'ouest au profit de la future Yougoslavie, la Dobroudja du sud pour la Roumanie et son accès en Thrace à la mer Égée que récupère la Grèce. De plus les troupes françaises occupent Sofia pendant deux ans. Le roi (ou tsar) Boris III succède à son père qui démissionne suite à la défaite. Il est privé de tout pouvoir par le parti agrarien qui érige une dictature de fait.

En cette fin 1918, l'Empire ottoman est vaincu et à genoux. Les Alliées occupent Constantinople et les Détroits ; les provinces arabes sont perdues ; l'armée comme la marine sont désarmées. Les membres du CUP sont en fuite. Et ce n'est qu'un début : les Français occupent la Cilicie ; les Grecs entent en Thrace orientale ; les Italiens sont à Antalya ; les Grecs pontiques reçoivent l'appui des Alliés pour leur autonomie. Alors qu'une résistance turque s'organise, en mai 1919, le sultan envoie Mustafa Kemal en Anatolie comme inspecteur général : celui-ci rompt avec le pouvoir ottoman et en septembre, avec une assemblée, proclame ses objectifs de création d'une nation turque. Le sultan tente de combattre Kemal en organisant des élections : mais l'assemblée élue adopte la position de Kemal et, après l'intervention des Anglais, se dissout. La majorité des députés rejoint alors Mustafa Kemal et le 23 avril 1920, la Grande Assemblée nationale de Turquie à Ankara. Pour obtenir les moyens nécessaires à la lutte, Kemal se rapproche de Moscou. Pendant ce temps, le gouvernement ottoman doit accepter le diktat du traité de Sèvres (10 aout 1920) : l'Empire est dépouillé du Kurdistan, des provinces arméniennes, de la Thrace, de Smyrne et sa région, de la Syrie, de l'Arabie et de la Mésopotamie ; les Détroits et Constantinople sont réservés à un contrôle des Alliés.

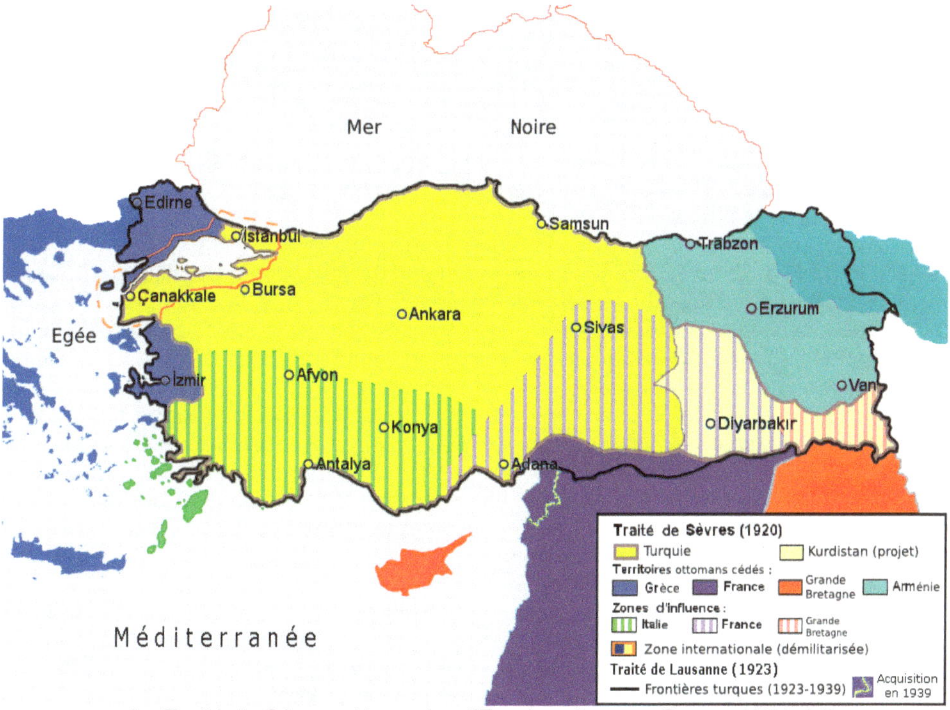

Le Traité de Sèvres démembre l'Empire ottoman. Source Wikipédia.

Les termes drastiques du traité donnent raison à Mustafa Kemal : c'est la guerre. Les troupes kémalistes vont vaincre les Arméniens, obliger les Français et les Italiens à quitter l'Anatolie et, surtout mener une lutte féroce contre les Grecs. Après deux ans, en septembre 1922, Smyrne est conquise et brulée ; en octobre, l'armistice est signé avec les Alliés… aux conditions turques. Dés lors, Constantinople est partagée entre les Alliés et les Nationalistes, le sultanat est aboli fin novembre. En juillet 1923, le traité de Lausanne efface le traité des Sèvres : la Turquie obtient la Thrace orientale, la région de Smyrne, la Cilicie, le littoral pontique, les provinces de l'est anatolien mais la France conserve le sandjak d'Alexandrette (*İskenderun*) avec la Syrie (ce sera jusqu'en 1939). Le traité prévoit l'échange des populations minoritaires : les Grecs égéens et pontiques doivent quitter des terres qu'ils occupaient depuis des millénaires. Les Détroits sont rendus à la Turquie mais sous contrôle international. En octobre 1923, la capitale est transférée d'Istanbul (ce sera désormais le seul nom pour Constantinople) à Ankara et la République est proclamée, mettant fin à l'Empire ottoman. En mars 1924, le dernier reste ottoman disparaît avec la fin du califat.

Le traité de Lausanne crée la Turquie actuelle. Source Wikipédia.

En Russie, 1917 avec ses deux révolutions abolit le tsarisme et l'Empire et crée la république bolchevique. Pour cette période de guerre civile, le présent ouvrage ne concerne que les parages de la mer Noire.

Dès juin 1917, l'Ukraine proclame son autonomie sans rompre formellement avec la république russe. En décembre, son assemblée, la Rada, crée la République populaire ukrainienne. Les bolcheviks réagissent en ne reconnaissant pas cette nouvelle république et créent plusieurs petites républiques soviétiques notamment Odessa, Donetsk, Tauride-Crimée qui formeront la République socialiste soviétique d'Ukraine. Début 1918, c'est la victoire germanique sur la Russie : après une incursion de l'Armée Rouge, l'Ukraine est occupée par les forces allemandes. Ceux-ci remplacent la République par l'Etat ukrainien (Hetmanat) en avril 1918 ; cet Etat renonce à la Bessarabie, à la Tauride-Crimée et au Kouban. La défaite finale de l'Allemagne le 11 novembre permet aux nationalistes ukrainiens de reprendre le pouvoir en recréant la République populaire d'Ukraine qui revendique, en vain, les trois territoires ci-dessus mentionnés.

Parmi les terres revendiquées par la nouvelle Ukraine, la Bessarabie. En décembre 1917, la Bessarabie proclame son autonomie (République démocratique autonome de Moldavie) mais devant les attaques des bolcheviks fait appel aux troupes roumaines. En janvier 1918, l'indépendance est déclarée (République démocratique moldave) mais les attaques des bolcheviks se poursuivent venant d'Odessa et, dès mars, la nouvelle république se résout à une adhésion à la Roumanie : cet état de fait sera reconnu par les traité de Saint-Germain en 1919.

Odessa subit la terreur rouge suite à l'insurrection bolchevik de décembre 1917 et janvier 1918 : une République soviétique d'Odessa est créée en janvier ; mais l'avancée des allemands et autrichiens apporte la fin de cette république dès mars ; elle set formellement rattaché à la République socialiste soviétique d'Ukraine. Au Donetsk et sur les rives nord de la mer d'Azov, se crée en février 1918 la République soviétique de Donetsk-Krivoï Rog ; dès mars, elle se fond dans la République socialiste soviétique d'Ukraine. En Crimée se succèdent la République populaire de Crimée qui intègre en mars 1918 la République socialiste soviétique d'Ukraine et un éphémère Gouvernement régional criméen à la solde des occupants allemands.

À partir de 1918, l'Ukraine va être prise dans la guerre civile russe.

Guerre civile russe. En jaune, situation fin 1918. En bleu, avance maximale des "blancs". En rouge, situation en fin 1921. Source Wikipédia.

Dès fin 1917, se constitue, près de Rostov, autour d'anciens officiers tsaristes, l'Armée des Volontaires. Elle s'unit avec les forces cosaques pour attaquer l'Armée rouge. Mi 1918, le général Denikine en prend le commandement et conquiert le Kouban et le Caucase. Les flottes française et britannique, qui peuvent depuis novembre 1918 pénétrer en mer Noire, apportent leur soutien aux forces blanches et des troupes débarquent à Odessa, Sébastopol, Novorossiysk et Batumi. Début 1919, les forces blanches se regroupent, ce sont les Forces armées du sud de la Russie sous les ordres de Denikine. Elles lancent l'offensive vers Moscou : après des succès, l'Armée rouge se reprend et repousse les Blancs qui peu à peu refluent vers la mer Noire à Novorossiysk : le réembarquement vers la flotte britannique se fait dans le plus grand désordre et les troupes restantes sont envoyées en Crimée. Cette même année les Français se retirent après des défaites face aux Rouges et des émeutes de leurs militaires : c'est l'épisode des "mutins de la mer Noire" qui sera magnifié par le Parti communiste autour de la personnalité d'André Marty.

Au début 1920, seule la Crimée reste entre les mains des Blancs. C'est le général Wrangel qui commande l'Armée russe, héritière des Forces armées du sud de la Russie. Pendant la première partie de l'année, Wrangel réussit à reconquérir la Tauride et une partie du Donbass. Mais en octobre/novembre, l'Armée rouge reprend la Tauride et conquiert la Crimée. Les restes de l'Armée blanche sont évacués de Sébastopol; les navires de la flotte russe appareillent pour être internés à Bizerte ; ils seront, pour la plupart, rendus à l'URSS en 1924.

Un autre front concerne la mer Noire : la Géorgie et le Caucase. En début 1917, la Vice-royauté du Caucase est transformée en Comité spécial de Transcaucasie (Géorgie, Arménie, Azerbaïdjan). En novembre 1917, une assemblée représentative est élue : en un premier temps, elle confirme le pouvoir exécutif à l'organisme qui succède au Comité spécial ; en avril 1918, elle proclame l'indépendance de la République fédérative démocratique de Transcaucasie. Mais les tensions ente Arméniens, Azéris, Géorgiens conduisent dès mai à la création de trois républiques dont la République démocratique de Géorgie. La Géorgie doit lutter contre une révolte des Ossètes dans ce qui est aujourd'hui l'Ossétie du sud mais incorpore sans problème l'Abkhazie. En février 1921, la Russie soviétique et la Turquie attaquent le pays : la Turquie récupère ses terres du sud géorgien et les soviets occupent la Géorgie. Ils mettent en place la République socialiste soviétique de Géorgie. En mars 1922, Lénine décide de regrouper les républiques socialistes soviétiques d'Abkhazie, d'Azerbaïdjan, d'Arménie et de Géorgie dans une République fédérative socialiste soviétique de Transcaucasie.

En début 1921, la guerre civile russe est terminée en Europe (il faudra attendre octobre 1922 pour sa fin en Extrême-Orient) et Lénine, devant la situation humaine et économique de la Russie, décrète la NEP (Nouvelle Politique Économique), un "capitalisme ouvrier". En décembre 1922, se crée l'URSS (Union des Républiques socialistes soviétiques) avec la Russie, l'Ukraine, la Biélorussie et la Transcaucasie.

Ainsi en 1923, la mer Noire est bordée au nord et au sud par deux états nouveaux, dictatoriaux et en pleine mutation ; URSS de Lénine et Turquie kémaliste. La Grande Roumanie et la "petite" Bulgarie complètent le tableau à l'ouest. En mer, les flottes russe et ottomane ont disparu et ce sont les navires de guerre de la France et de la Grande Bretagne qui assurent l'ordre puisque les Détroits leurs sont ouverts. Sur les rives, les Grecs Pontiques ont disparu après des millénaires de présence : en Turquie comme chrétiens et grecs dans un nouveau pays musulman et turc, en URSS comme suspects, à tort ou à raison, de complicité avec les "Blancs".

Entre deux guerres

Quatre pays bordent la mer Noire : Bulgarie, Roumanie, Turquie, URSS. Aucun n'est en mesure de s'approprier cette mer car ils font tous face à des mutations intérieures importantes. Cette période va de 1924 à 1941 quand l'Allemagne nazie envahit l'URSS.

Bulgarie

Le royaume de Bulgarie où règne un souverain constitutionnel, Boris III, est encore un pays essentiellement rural. La situation intérieure est dominée par des luttes politiques laissant la place à des gouvernements autoritaires voire fascistes. En 1935, le roi prend le pouvoir et instaure une dictature. Le pays qui fait parti des vaincus de 1918 a perdu des terres bulgarophones ; son économie est très dépendante de l'Allemagne qui est son premier partenaire commercial. En 1935, la Bulgarie se réarme avec l'appui de l'Allemagne nazie. Le roi essaie de garder une position neutre mais profite du dépeçage de la Roumanie par Hitler et Staline pour récupérer la Dobroudja du sud en 1940. Début 1941, la Bulgarie rejoint le Pacte Tripartite (Allemagne, Italie, Japon) ; le pays conserve sa neutralité mais les troupes allemandes passent par la Bulgarie lors de leur attaque victorieuse contre la Yougoslavie et la Grèce. Bien que n'ayant pas participée à cette victoire, la Bulgarie reçoit la Macédoine et la Thrace ce qui lui redonne accès à la mer Égée et, recrée la “Grande Bulgarie“. Ainsi en juin 1941, la Bulgarie est un allié passif de l'Allemagne nazie.

Roumanie

La “Grande Roumanie“, royaume de Roumanie, est une démocratie parlementaire jusqu'en 1938. Le pays qui fait partie des vainqueurs de la guerre compte 18 millions d'habitants (mais plus d'un quart sont des “minorités“) ce qui en fait la seconde puissance de la mer Noire derrière l'URSS (la Turquie ne compte que 16 millions d'habitants et est moins avancée sur le plan économique). La Roumanie dispose d'une armée bien équipée et organisée ; la marine de guerre domine le Danube et les rives occidentales de la mer Noire. Le Service maritime roumain, entreprise d'état, gère une flotte de paquebots qui assurent le trafic entre Constanţa et les ports de la mer Noire et de la Méditerranée orientale.

La royauté a une histoire difficile : quand Ferdinand Ier meurt en 1927, c'est son petit fils de 6 ans qui devient roi, Michel Ier, car son fils Carol s'est exilé avec sa maitresse ! Mais en 1930, Carol revient comme Carol II. Il sera destitué en 1940 et Michel retrouvera le trône. Le pays est en bonne santé économique grâce à son agriculture, son industrie et ses puits de pétrole ; la capitale, Bucarest, est en plein développement et le port de Constanţa est le plus important des ports de la mer Noire.

La politique intérieure est troublée par l'émergence de la “Garde de Fer“, partie fascisant et antisémite. De 1932 à 1938, le pouvoir arrive peu ou prou à maitriser l'influence du mouvement. En 1938, Carol prend le pouvoir réel et tente de faire disparaître la Garde de Fer mais les événements de 1940 vont tout changer. La Garde de Fer avec le général Antonescu renverse le roi francophile, remet sur le trône Michel et établit un régime dictatorial fasciste ; en mars 1941, Antonescu se libère de la Garde de Fer et devient seul dictateur ou “*Conducător*“.

La politique extérieure est d'abord d'entrer dans la Petite Alliance avec la Tchécoslovaquie et la future Yougoslavie avec l'appui de la France qui cherche des alliances à l'est pour se prémunir d'un renouveau germanique. L'influence de l'Allemagne nazie est d'abord maitrisée mais la défaite de la France en mai 1940 change la donne : les nazis et les soviets qui ont signé en aout 1939 un pacte de non agression mettent en œuvre le protocole d'accord qui accompagne le pacte. La Roumanie doit céder la Dobroudja du sud à la Bulgarie, la Transylvanie du nord à la Hongrie, la Bessarabie et la Bucovine du nord à l'URSS ; celle-ci crée la République socialiste soviétique de Moldavie et donne les autres territoires à l'Ukraine. En novembre 1940, la Roumanie rejoint l'Axe et les troupes allemandes entrent dans le pays.

Turquie

La République de Turquie a pour président et dictateur de fait Mustafa Kemal. Il est secondé comme premier ministre par İsmet İnönü, le général vainqueur des Grecs et le négociateur du traité de Lausanne. Les principes kémalistes sont clairs :

- L'armée est au cœur de la nation et de l'état.
- La république est laïque sans discussion possible.
- Les minorités doivent partir ou se soumettre ; les Kurdes sont des "Turcs de montagne".
- Un parti unique est nécessaire pour mettre en œuvre les réformes.

Effectivement les réformes sont appliquées avec sévérité allant jusqu'à la peine de mort : école publique, écriture de la langue, droit occidental, libération de la femme, etc. Il faut même changer son nom et Kemal devient Atatürk (le père des Turcs). L'armée bénéficie des crédits nécessaires ; la marine est constituée avec les restes de la flotte ottomane autour du croiseur Yavuz, ex Goeben.

En politique extérieure, la Turquie prône son autosuffisance et sa volonté d'être neutre dans tous les conflits. L'acte essentiel de cette période est, en 1936, la Convention de Montreux sur les Détroits qui rend la souveraineté à la Turquie :

- Liberté totale de navigation pour le trafic marchand en temps de paix ; droit de refus pour les navires marchands des pays en guerre contre la Turquie.
- La Turquie peut fortifier les Détroits.
- En temps de paix, liberté de trafic pour la marine de guerre des pays riverains de la mer Noire et possibilité, sous conditions sévères, de trafic pour les navires de guerre de moins de 10 000 tonnes des pays non-riverains.
- En temps de guerre, Turquie non belligérante, les navires de guerre des pays belligérants sont interdits sauf pour retour à leur base initiale. Si la Turquie est en guerre, elle retrouve sa pleine autorité pour autoriser ou interdire le passage de navires de guerre.

En 1938, au décès d'Atatürk, İsmet İnönü le remplace avec pleins pouvoirs. Il poursuit la politique de Kemal et l'accentue contre les non-Turcs. En politique étrangère, il maintient également une position de neutralité.

URSS

Sur les rives de la mer Noire, l'URSS de 1923 compte la RSS d'Ukraine, la RSS de Russie avec la Crimée (RSS autonome de Crimée), la RSS de Transcaucasie (Abkhazie, Géorgie avec Arménie et Azerbaïdjan). En 1931, l'Abkhazie est intégrée à la Géorgie par Staline, lui-même géorgien. En 1936, les trois républiques qui constituent la Transcaucasie se séparent et deviennent des Républiques socialistes soviétiques membres de l'URSS : sur les rives de la mer Noire, c'est la RSS de Géorgie. Il faut attendre 1940 pour que naisse la RSS de Moldavie, membre de l'URSS, suite à l'annexion de la Bessarabie roumaine.

Ces républiques connaissent, après la mort de Lénine, la montée de Staline et la mise en œuvre de ses politiques : fin de la NEP, marche forcée vers le communisme, plans de cinq ans, développement de l'industrie lourde, stakhanovisme, lutte contre les "koulaks", etc. Pour l'Ukraine les conséquences sont lourdes : mines de charbon et sidérurgie dans le Donbass, barrages hydroélectriques sur le Dniepr, usines dans le Donbass et à Kharkov, etc. Le plus tragique fut l'"holodomor", la grande famine de 1932/1933 qui fit des millions de morts. Les grandes purges des années 1936/1938 éliminent les opposants réels ou supposés.

En mer Noire la flotte soviétique s'appuie sur un chantier naval à Nikolaïev en Ukraine et une grande base à Sébastopol en Crimée et des ports annexes comme Poti en Géorgie. Ses grands navires sont d'ancienne génération, repris des restes de la flotte impériale. Les sous-marins et les autres navires sont de construction récente. En 1941, la flotte comprend un cuirassé, 6 croiseurs, 20 destroyers et d'autres navires dont des sous-marins et des mouilleurs de mines. De plus un cuirassé moderne est en construction. Elle détient une flotte aérienne de plus de 200 avions et des batteries côtières pour protéger ses ports.

Ainsi en 1941, le trafic commercial a repris en mer Noire, facilité par les libertés de la convention de Montreux. La marine de guerre soviétique est la plus puissante : la Convention de Montreux la protège des marines des pays non riverains mais Staline n'est pas satisfait de certains termes de cette convention et lorgne sur les Détroits dans la grande tradition russe.

Seconde guerre mondiale

À partir de 1941 la guerre entre les nazis et les soviets va se dérouler sur les rives de la mer Noire alors que la Turquie reste neutre et applique la Convention de Montreux sur les Détroits.

1941

Le 22 juin, l'Allemagne nazie lance l'opération Barbarossa d'invasion de l'URSS. Sur le front sud, les Allemands bénéficient de l'appui de la Roumanie alors que la Bulgarie n'intervient pas. L'avancée des troupes roumaine et allemande est difficile ; de plus, les massacres de juifs sont accomplis sans scrupules. Après une première avance limitée, en septembre l'Ukraine est conquise. Les Allemands déclenchent la "Shoah par balles". Les Russes réussissent à déplacer vers l'est de nombreuses usines. En octobre/novembre, à la fin de la saison de la boue, les forces allemande et roumaine prennent la Crimée sauf le réduit de Sébastopol et atteignent Rostov qu'elles ne peuvent conserver devant les contre offensives russes et l'arrivée de l'hiver. Les Russes réussissent à reprendre Kertch en Crimée.

Sur mer, les Russes tentent fin juin un raid sur Constanţa afin d'affaiblir la flotte roumaine mais ce sera un échec. Dès lors, ce sera une guerre des mines entre l'Axe et l'URSS. Les navires russes maintenant basés à Poti en Géorgie, participeront à la défense côtière.

La Turquie affirme sa neutralité par la signature d'un pacte de non-agression avec l'Allemagne le 18 juin 1941 et confirme ses relations avec la Grande-Bretagne.

1942

Après une remise à niveau suite aux pertes subies, les nazis, appuyés par les Roumains, reprennent l'offensive au sud du front. En juillet, ils réussissent à prendre Sébastopol et Kertch. Dès juin, ils lancent leur grande offensive vers la Volga et Stalingrad et vers les champs pétroliers du Caucase. Ils atteignent Novorossisk au Kouban, s'approchent de Grozny en Tchétchénie et atteignent Stalingrad sur la Volga. En novembre les Russes attaquent sur les flancs de Stalingrad, là où le front est tenu par des Italiens, des Hongrois et des Roumains et encerclent les Allemands dans le chaudron de Stalingrad. Hitler tente une vaine offensive de désenserclement et ordonne le retrait des ses troupes engagées sur le front du Caucase.

1943

C'est l'année décisive sur le front de l'est. En janvier, l'armée allemande capitule à Stalingrad. Jusqu'à mars, les Russes passent à l'offensive sur le front sud mais les Allemands réussissent à arrêter leur progression. Avec l'arrivée de la saison des boues de printemps, le front se stabilise.

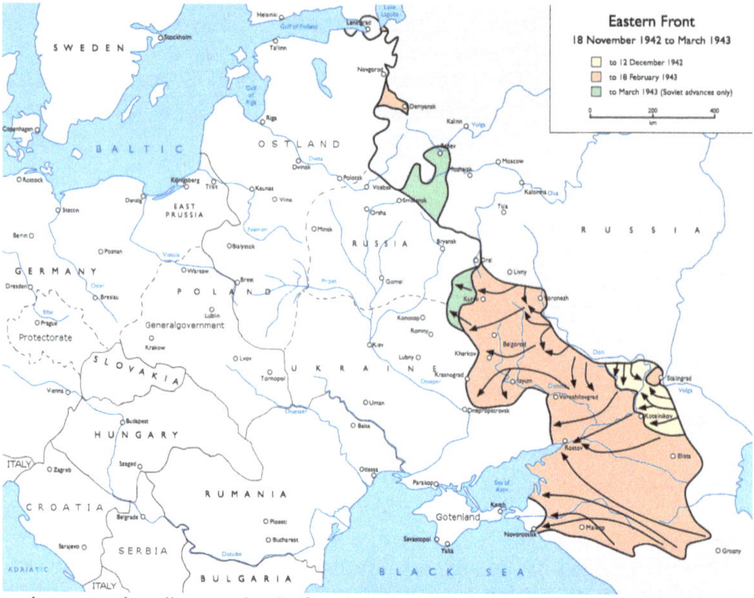

Plus grande avancée allemande du front sud et contrattaque russe. Fin 1942-début 1943. Source Wikipédia.

Au printemps se déroule la grande bataille du saillant de Koursk qui est finalement un échec pour les Allemands. Les Russes poursuivent l'offensive, reprenne le Donbass, expulsent les Allemands du Kouban, atteignent et franchissent le Dniepr et isolent la Crimée. Les armées roumaines subissent d'importantes pertes et certains Roumains rejoignent l'Armée Rouge.

Le roi de Bulgarie, Boris III, est convoqué par Hitler qui lui demande une participation militaire à la guerre contre l'URRS. Le roi refuse et meurt subitement à son retour à Sofia ! Son fils Siméon II lui succède à l'âge de 6 ans et une régence est mise en place sous l'autorité du frère du défunt roi, Kiril. La Bulgarie reste étrangère à la guerre.

La Turquie, sentant le vent tourner, passe d'une neutralité absolue à une neutralité bienveillante à l'égard des Alliés. Ismet Inönü rencontre Churchill en début d'année en Turquie et se rend, en fin d'année, en Égypte pour rencontrer Churchill et Roosevelt. En politique intérieure, il crée un impôt exceptionnel visant les citoyens non musulmans ; la charge est si élevée que beaucoup d'entre eux ne peuvent payer : leurs biens sont saisis et ils sont réunis dans des camps ; le résultat, voulu, arrive et beaucoup d'entre eux, surtout des Grecs et des Arméniens, quittent la Turquie.

1944

En cette année, les Soviétiques prennent le contrôle de toutes les rives de la mer Noire (Ukraine, Crimée, Moldavie, Roumanie, Bulgarie), à l'exception de la Turquie.

Entre janvier et avril, les troupes russes reconquièrent la totalité de l'Ukraine et la Crimée. Puis c'est le tour de la Moldavie et de la Roumanie. En septembre, l'URSS déclare la guerre à la Bulgarie et l'envahit en quelques jours. L'armée roumaine se met au service de l 'Armée Rouge. Tant en Roumanie qu'en Bulgarie, des gouvernements favorables aux communistes sont mis en place alors que les souverains conservent, encore, leur rôle. L'épuration violente des collaborateurs se met en marche ; les soviets y ajoutent bientôt les forces susceptibles de s'opposer à eux comme les officiers. En Crimée, Staline déporte les Tatars dans les steppes de l'Asie Centrale ; ils sont bientôt suivis par les Grecs, les Allemands et les Arméniens vers la Sibérie.

1945/1947

L'année 1945 débute en février par la conférence de Yalta. La Crimée vient d'être reconquise et Staline obtient de faire venir sur les rives de la mer Noire Churchill et Roosevelt. La conférence plénière se tient dans l'ancien palais d'été de Nicolas II. La conférence a pour but de planifier la fin de la guerre, de définir le sort des nations vaincues et de proposer un nouvel ordre mondial remplaçant la SDN.

Durant ces trois années, les nouveaux régimes des pays autour de la mer Noire s'établissent ou se rétablissent : à la fin de cette période, seule la Turquie échappe à l'emprise soviétique mais Staline continue de garder un œil sur les Détroits.

Sur les rives de la mer, l'URSS contrôle directement la RSS de Géorgie, la RSS de Russie y compris la Crimée, la RSS d'Ukraine et la RSS de Moldavie. La Roumanie et la Bulgarie sont des démocraties populaires, républiques populaires de Roumanie et de Bulgarie, les royautés ayant été abolies. Les modifications de frontières sont régularisées par le traité de Paris en février 1947 entre les Alliés vainqueurs (USA, URSS, RU, France notamment) et les vaincus (Italie, Hongrie, Bulgarie, Roumanie, Finlande) ; le retournement en fin de conflit de la Finlande, de la Bulgarie et de la Roumanie est pris en compte.

La Bulgarie établit un régime pro soviétique dès septembre 1944 avec une alliance entre les communistes et le Zveno (parti nationaliste anti germanique). Ce gouvernement déclare la guerre à l'Allemagne et purge le pays des collaborateurs avec les nazis. En septembre 1945, la royauté est abolie et Siméon part en exil : il a de la chance car les régents sont exécutés ! Le parti communiste prend seul le pouvoir de la nouvelle république ; Georgi Dimitrov, qui est revenu de Moscou où il était suite à l'affaire de l'incendie du Reichstag, est président du conseil ; une seconde épuration est lancée, visant cette fois tous les "ennemis" du socialisme. Pour ses frontières, le pays doit abandonner ses conquêtes en Thrace et Macédoine au profit de la Grèce et de la Yougoslavie mais conserve la Dobroudja du sud aux dépens de la Roumanie. Parfait satellite de l'URSS, le pouvoir va pouvoir mettre en œuvre le passage au socialisme : nationalisations, planification centralisée, collectivisation agraire, etc.

En août 1944, la Roumanie, sous l'impulsion du roi Michel Ier, renverse le régime Antonescu et déclare la guerre à l'Allemagne ce qui n'empêche pas l'envahissement du pays par l'Armée Rouge et son traitement comme puissance ennemie. En mars 1945, un coup d'état porte au pouvoir un gouvernement inféodé à l'URSS. Ce gouvernement de coalition apparente est présidé par Petru Groza ; celui-ci, non membre du parti communiste, laisse le pouvoir de fait à ce dernier qui est dirigé par Gheorghe Gheorghiu-Dej et Ana Pauker. Malgré les efforts du roi, un régime soviétique se met en place avec ses épurations, déportations : la triste "*Securitate*" est créée. En décembre 1947, la royauté est abolie et la république populaire est proclamée. Groza conserve le poste de président du conseil mais le vrai pouvoir appartient au parti communiste et à ses dirigeants. Pour ses frontières, le pays récupère la Transylvanie du nord aux dépens de la Hongrie mais perd la Bessarabie et la Bucovine du nord vers l'URRS et la Dobroudja du sud vers la Bulgarie. La Roumanie peut alors aller totalement dans la voie des démocraties populaires, allégeance à l'URSS et gestion à la soviétique.

L'URSS de Staline établit la Moldavie comme une république socialiste soviétique à part entière (c'est à dire hors de la RSS d'Ukraine) dès août 1940 ; un nettoyage ethnique permet d'affirmer une identité moldave différente des identités ukrainienne et roumaine. L'occupation roumaine et allemande de 1941/1944 signifie l'annexion temporaire de cette Moldavie comme Bessarabie roumaine. Les victoires de 1944 permettent de restaurer la RSS de Moldavie : les purges, déportations et apports de populations slaves forment cette nouvelle Moldavie sur les deux rives du Dniestr. Un accès réduit à la mer Noire est accordé à la Moldavie grâce à un bras du delta du Danube.

La RSS d'Ukraine trouve ses frontières actuelles sauf pour la Crimée et les iles roumaines. En effet, elle récupère, à partir de la Pologne, la Galicie orientale avec Lviv (Lvov en polonais, Lemberg en allemand), à partir de la Roumanie, le Boudjak et la Bucovine du nord, à partir de la Tchécoslovaquie, la Transcarpathie. Mais elle renonce aux extensions demandées à la Russie au nord de Kharkiv, vers Rostov et au Kouban et à celle demandée à la Moldavie, rive gauche du Dniestr. En 1948, la Roumanie lui cède ses iles et, en 1954, la Russie lui attribue la Crimée. Dès 1945, l'Ukraine est membre fondateur de l'ONU comme l'URSS et la Biélorussie.

La RSFS de Russie (le F est pour fédérative) borde directement la mer Noire de Rostov à la Géorgie en passant par la rive est de la mer d'Azov ; la Crimée est un oblast avant d'être donnée à l'Ukraine. Les deux grands ports sont Sébastopol et Novorossisk.

La RSS de Géorgie complète la présence de l'URSS sur la mer Noire. Elle comporte deux républiques autonomes, Abkhazie et Adjarie plus un oblast autonome l'Ossétie du sud.

La Turquie déclare finalement la guerre à l'Allemagne, deux mois avant sa fin. Elle fait ainsi partie du camp des vainqueurs et, en tant que telle, elle est membre fondateur de l'ONU. Mais l'URSS estime que sa neutralité en fait un vaincu et réclame des compensations. Le régime du parti unique arrive à son terme mais l'héritage d'Atatürk est toujours présent.

Guerre froide

Du plan Marshall de 1948 jusqu'à la fin de l'URSS et du bloc de l'est en 1991, la mer Noire est un lieu de confrontation de la "guerre froide". L'URSS et ses satellites roumain et bulgare font face à la Turquie qui s'est rapprochée de l'ouest et participe à l'OTAN dès 1952.

Dans le camp occidental, la Turquie est un allié nécessaire par sa possession de la rive sud de la mer Noire, par sa proximité géographique avec l'URSS et par son rôle de gendarme des Détroits. La menace permanente de Moscou d'obtenir des droits particuliers, voire une présence à Istanbul, ne peut qu'encourager la Turquie à se rapprocher des États-Unis et de l'Europe de l'ouest. Pour prouver son engagement, le pays envoie des troupes lors de la guerre de Corée. Dès son entrée dans l'OTAN, la Turquie accueille des forces américaines, notamment sur la base d'Incirlik. C'est le "flan sud" de l'OTAN. Plus tard, vers 1950, les États-Unis déploient en Turquie (et en Italie) des missiles balistiques de moyenne portée à charge nucléaire ; en 1962, suite à la crise de Cuba, les Américains retirent ces missiles en échange du retrait des missiles soviétiques de Cuba. Par tradition kémaliste, la Turquie entretient une puissante armée que les Américains équipent de matériel moderne. Cette armée sera à l'origine de coups d'état freinant la marche vers un état plus démocratique. Elle est utilisée dans la répression des Kurdes (qu'il est interdit d'appeler ainsi : il faut utiliser les mots "Turcs de montagne") et, en 1974, dans l'occupation de la partie nord de Chypre.

En URSS, c'est la RSS d'Ukraine qui représente pour l'essentiel les soviétiques en mer Noire. Le pays doit être reconstruit après les destructions de la guerre : politique de la terre brulée par l'Armée Rouge en 1941/1942 et par les nazis en 1943/1944. Malgré la fertilité des "terres noires", l'agriculture peine à retrouver un niveau d'avant guerre du fait de la politique de collectivisation des terres. Par contre, la planification centrale attribue un rôle important à l'Ukraine pour l'industrie : industrie lourde dans le Donbass, chantier naval de Nikolaïev, industrie chimique, etc. Pour ce faire, la production électrique est développée : hydroélectricité sur le Dniepr, centrales nucléaires. Une de ces centrales devient malheureusement célèbre en 1986: celle de Tchernobyl ! D'un point de vue militaire, l'Ukraine développe une industrie d'armement importante, des chantiers navals ; elle abrite l'essentiel de la flotte de la mer Noire à Sébastopol ; des capacités nucléaires sont stationnées sur son territoire. À noter que Leonid Brejnev naquit en Ukraine à Kamianske (qui s'appelait alors Dniprodzerzhynsk en l'honneur du fondateur de la Tcheka) : cela ne l'empêcha pas de promouvoir une politique niant la spécificité ukrainienne au nom de l'"homme soviétique".

La République populaire de Roumanie est gouvernée par le parti communiste de Gheorghe Gheorghiu-Dej comme une dictature soviétique. Elle adhère au Comecon en 1949, accord économique voulu par Staline comme réponse au Plan Marshall et, en 1955 au pacte de Varsovie, réponse de l'URRS à l'OTAN suite au réarmement allemand. Dans les années 1960, le gouvernement joue une certaine autonomie en politique extérieure et approuve une détente économique et sociétale en politique intérieure. En 1965, à la mort de Gheorghe Gheorghiu-Dej, une nouvelle équipe prend le pouvoir avec Nicolae Ceaușescu. La Roumanie devient une république socialiste qui élargit la détente vers une économie socialiste de marché sans abandonner le rôle unique du parti communiste ; en politique extérieure, le pays maintient une attitude spécifique : par exemple, il refuse de participer à l'opération militaire en Tchécoslovaquie suite au "printemps de Prague" en 1968. Mais en 1971, Ceaușescu change totalement la nature du régime qui devient une dictature personnelle dans le cadre du parti communiste, à l'image de ce qu'il a vu en Chine et en Corée du Nord. Il se baptise "*Conducător al patriei*" et se fait appeler "génie des Carpates" ou "Danube de la Pensée" ! Avec son épouse et sa camarilla il assume tous les pouvoirs : interdiction de l'avortement, destructions urbaines, constructions démesurées, etc. Le pays s'appauvrit et le désastre social s'aggrave avec, notamment, le scandale des enfants orphelins.

La république populaire de Bulgarie est le bon élève de l'URSS. En 1949, Dimitrov décède et Valko Tcherenkov lui succède et applique la même politique stalinienne au pays. Après la mort de Staline en 1953, un nouvel homme fort apparaît, Todor Jivkov, qui va rester au pouvoir pendant 33 ans. Il pratique la même politique d'alignement sur Moscou. Les services de renseignement bulgares servent les intérêts soviétiques et mettent en œuvre l'assassinat par le "parapluie bulgare". Son régime mène une politique de "nettoyage ethnique" à l'égard des turcs musulmans présents en Bulgarie.

1989/1991 : un nouveau monde

Le calendrier des événements qui met fin à la domination russe de l'Europe de l'est et à l'URSS elle-même est le suivant autour de la mer Noire.

Année 1989 : en novembre, T. Jivkov est écarté du pouvoir en Bulgarie et, en décembre, les époux Ceaușescu sont exécutés en Roumanie ; la voie est libre pour une indépendance à l'égard de l'URRS et de son système bien que le pouvoir soit pris par d'anciens communistes reconvertis au nationalisme et à l'économie de marché et la démocratie.

Année 1990 : l'URSS se maintient mais tremble sur ses bases quand, en juin 1990, Boris Eltsine proclame la souveraineté de la Russie dans l'URSS. En juillet, l'Ukraine proclame sa souveraineté politique dans l'URSS.

Année 1991 : En août, un putsch est déjoué à Moscou mais la réforme de l'URSS voulue par Gorbatchev échoue. Immédiatement, la Géorgie, la Moldavie, l'Ukraine proclament leur indépendance et d'anciens communistes reconvertis prennent le pouvoir. En décembre, l'URSS est dissoute et se crée la CEI (Communauté des États indépendants). La Russie soutient les indépendantistes en Abkhazie et Ossétie du sud en Géorgie, en Transnistrie en Moldavie et en Crimée en Ukraine.

La mer Noire, aujourd'hui et... demain ?

La fin de l'URSS et des démocraties populaires de l'Europe de l'Est a ouvert un nouveau chapitre dans l'histoire de la mer Noire. L'Ukraine, la Moldavie et la Géorgie sont devenues avec la Russie les acteurs sur les rives nord de la mer ; la Bulgarie et la Roumanie sont membres de l'OTAN et de l'UE ; la Turquie a connu une dérive vers une autocratie musulmane. On peut distinguer deux périodes entre 1992 et maintenant : de 1992 à 2007, c'est le temps des illusions, de la "Fin de l'histoire "proclamée par Francis Fukuyama en 1992. Le discours de Vladimir Poutine à Munich en 2007 marque le choc des réalités, la Russie n'accepte pas l'élargissement de l'OTAN alors que la Turquie de Recep Erdoğan évolue vers l'islamisme.

Le temps des illusions

La Russie de Boris Eltsine devient l'état continuateur de l'URSS. La transition vers l'économie de marché se fait par une thérapie de choc qui entraine l'effondrement économique du pays : la baisse de 50 % de l'économie entraine une pauvreté généralisée dans une ambiance de troc et de bazar... sauf pour les oligarques qui s'approprient les richesses dans une corruption totale. Tout cela se termine par la crise financière de 1998 et le départ d'Eltsine à la fin 1999. Cette situation économique empêche toute politique extérieure crédible pour cette nouvelle Russie. Quand Vladimir Poutine prend le pouvoir en 2000, c'est un soulagement ressenti par la population et par l'opinion internationale. Le nouveau président entreprend un programme de réformes qui permettent le retour de la stabilité politique (verticale du pouvoir, la fin de l'insurrection tchétchène) et de la croissance économique. En politique extérieure, il commence à reprendre la main face aux nouveaux états issus de l'URSS ; il propose des accords à l'UE et à l'OTAN qui sont refusés ; suite au 11 septembre 2001, il appuie la lutte des États-Unis contre le terrorisme. Mais l'action de l'OTAN en Yougoslavie en 1999, le premier élargissement de l'OTAN dans les PECO en 1999 (Hongrie, Pologne, Tchéquie), le second élargissement en 2004 (Bulgarie, Roumanie, Slovaquie, Slovénie, Roumanie mais surtout les trois Pays baltes ex membres de l'URSS), les "révolutions" des Roses et Orange en Géorgie et en Ukraine et la décision des USA d'implanter des missiles balistiques en Pologne en 2007 entrainent un retournement complet de la politique extérieure de la Russie.

L'Ukraine existe enfin comme état indépendant. Il va lui falloir trouver son identité malgré les différences entre populations ukrainophones à l'ouest et au nord et russophones à l'est et au sud (Donbass, rives de la mer Noire jusqu'à Odessa y compris la Crimée). Ce ne sera pas chose facile du fait de l'influence de la Russie qui rêve toujours de l'URSS et de l'empire tsariste. Il faut d'abord régler plusieurs questions :

- la première est celle des armes nucléaires soviétiques présentes sur le territoire : en 1994, l'Ukraine renonce à être une puissance nucléaire en échange d'une garantie de ses frontières de la part des États-Unis, du Royaume-Uni et de la Russie ;
- la seconde est celle de la Crimée : ce n'est qu'en 1997 que la Russie reconnaît le rattachement de la Crimée à l'Ukraine comme république autonome ;
- la troisième est le sort de Sébastopol et de la flotte soviétique de la mer Noire : en 1997, la flotte est partagée mais l'essentiel des navires revient à la Russie, la base navale de Sébastopol est concédée par un bail de 20 ans à la Russie en échange de tarifs préférentiels pour les fournitures de pétrole et gaz à l'Ukraine.

L'Ukraine connaît le passage d'une économie planifiée à une économie de marché avec l'apparition d'oligarques, souvent liés à a Russie et le développement d'une corruption généralisée. L'agriculture connaît une forte croissance avec la création d'entreprises de grande taille (céréales, volailles), avec les oligarques et des capitaux occidentaux : l'Ukraine devient un grand exportateur agricole. Jusqu'en 2004, le pays est dirigé par le" clan de Donetsk" qui maintient une relation étroite avec la Russie tout en prônant un équilibre entre l'est et l'ouest. La révolution Orange survient fin 2004 comme protestation à des élections truquées ; elle est appuyée de l'étranger par les États-Unis et l'UE. De nouvelles élections amènent au pouvoir des partisans d'une meilleure démocratie et d'un rapprochement avec l'UE. Tout cela ne plait pas à Moscou qui utilise divers moyens dont le gaz pour peser sur le gouvernement ukrainien.

La Géorgie recouvre son statut d'état indépendant et revendique sa longue histoire avant les annexions tsariste et soviétique. Il lui faut après deux guerres constater la sécession de l'Ossétie du Sud et de l'Abkhazie dès 1991/1993 ; en Abkhazie, les Géorgiens sont expulsés par un nettoyage ethnique. La Géorgie reste proche de la Russie. Fin 2003, éclate à Tbilissi la révolution des Roses et un nouveau gouvernement pro-occidental arrive au pouvoir avec l'appui des États-Unis. Cela ne peut qu'irriter Moscou.

La Moldavie, ancienne Bessarabie, recouvre pour la seconde fois son indépendance. Mais elle doit payer un prix : la rive orientale du Dniestr proclame sa séparation, c'est la Transnistrie, soutenue par la Russie. La Moldavie reste sous direction communiste et garde, malgré la Transnistrie, des relations étroites avec la Russie. La situation économique post soviétique est désastreuse : pauvreté et corruption généralisées. En 2007, c'est le seul pays post URSS où un parti communiste est au pouvoir !

La Roumanie connaît le passage à la démocratie et à l'économie libérale sous des gouvernements alternativement issus de l'ancienne nomenklatura communiste ou d'une nouvelle génération de politiciens. Elle s'éloigne de toute influence russe ou ukrainienne et rejoint l'OTAN en 2004 et l'UE en 2007. Sans être florissante, l'économie se développe notamment par la délocalisation d'entreprises occidentales (souvent italiennes) et par des investissements étrangers (comme la reprise de Dacia par Renault).

La Bulgarie a une transition difficile vers la démocratie et le marché : instabilité gouvernementale, difficile implantation de l'état de droit, corruption et mafias héritées du communisme. Paradoxalement, c'est la crise du Kosovo dans laquelle le pays apporte son soutien aux occidentaux qui permet à la Bulgarie de normaliser sa relation avec l'Occident : entrée dans l'OTAN en 2004 et dans l'UE en 2007.

La Turquie connaît une première montée de l'islamisme entre 1991 et 1997 puis une période laïque et démocratique jusqu'à la crise économique et financière de 2001.La croissance économique est faible. Le pays qui a posé sa candidature à l'UE en 1987 la voit acceptée en 1999 ; un accord d'union douanière a été conclu avec l'UE en 1996. Suite à la crise de 2001, un important programme de réforme économique est mis en œuvre. En 2002, le parti AKP de Recep Erdoğan accède démocratiquement au pouvoir. Il pratique une politique économique libérale et un retour aux valeurs de l'islam sunnite, se comparant ainsi à la démocratie chrétienne italienne. C'est un succès : la croissance est là avec le développement d'une classe moyenne. La négociation avec l'UE pour l'accession s'ouvre en 2005 après des réformes structurelles rapprochant le régime des normes bruxelloises. En 2007, les électeurs confirment R. Erdoğan et l'AKP au pouvoir.

Ainsi en 2007, sur les rives de la mer Noire, les différents pays sont en paix et sur la voie de la démocratie libérale. Dès 1992/1999 une Organisation de Coopération économique de la mer Noire est mise en place. Le Bosphore voit passer un important trafic notamment dans le sens nord sud avec des céréaliers et des pétroliers. La Géorgie sert de port pour l'Arménie et l'Azerbaïdjan. La guerre froide semble bien loin.

Le choc des réalités

Tout change à partir de 2007 quand la Russie de Poutine veut retrouver son pouvoir sur son "étranger proche", euphémisme pour désigner les terres russes des tsars et des soviets et quand la Turquie d'Erdoğan se tourne vers l'islamisme et s'éloigne de l'Europe.

En Russie, après 4 ans de présidence fictive de Dimitri Medvedev, V. Poutine reprend la présidence... pour ne plus la lâcher : les velléités de démocratie sont oubliées ! La politique extérieure recherche deux priorité : la reconquête des ex-pays de l'URSS et l'opposition à l'occident :

- 2008, guerre contre la Géorgie et reconnaissance comme états indépendants de l'Ossétie du Sud et de l 'Abkhazie ;
- 2011 et après, utilisation des BRICS (Brésil, Russie, Inde, Chine, Afrique du Sud) comme instrument d'influence ;
- 2014, annexion de la Crimée avec une condamnation purement formelle de l'occident et des sanctions économiques très limitées ;
- 2022, attaque en "opération militaire spéciale" de l'Ukraine avec un échec relatif, l'entrée dans une guerre et des sanctions économique sévères de l'occident.

L'Ukraine connaît une situation de plus en plus difficile entre l'UE et la Russie. Jusqu'à 2010, la tendance pro-européenne gouverne mais la Russie fait pression notamment en jouant sur les prix du gaz et du pétrole. La France et l'Allemagne s'opposent à l'entrée de l'Ukraine dans l'OTAN. En 2010, la tendance pro-russe accède au pouvoir : le bail de Sébastopol est prolongé de 25 ans, la Russie accorde des conditions favorables pour l'approvisionnement du pays en gaz et pétrole, les accords proposés par l'UE sont refusé au profit d'un accord avec la Russie. En 2004, éclate la révolte de Maïdan qui ramène au pouvoir la tendance pro-européenne. Dès lors, la Russie exerce des pressions sur l'Ukraine par le biais des fournitures énergétiques, du jeu des influences politiques et par une guerre hybride fondée sur des offensives cyber. En 2014, la Crimée proclame son indépendance puis son rattachement à la Russie et une guerre civile éclate au Donbass avec intervention russe cachée. Enfin, c'est l'invasion de février 2022 et ses suites dramatiques. L'Ukraine est reconnue comme candidate à l'adhésion à l'UE.

La Géorgie doit aussi naviguer entre l'influence russe et sa volonté d'exister en tant que nation millénaire. Les dates suivantes marquent cette époque :

- 2003, c'est la révolution des Roses qui permet l'établissement d'un gouvernement pro occidental qui réussit à mettre fin à la volonté d'indépendance de l'Adjarie et à obtenir le départ des troupes russes ;
- 2008, c'est la guerre avec la Russie en Ossétie du sud et la reconnaissance de l'indépendance par la Russie de l'Abkhazie et de l'Ossétie du Sud ;
- 2012, arrivée au pouvoir d'une nouvelle équipe qui joue une politique équilibrée entre la Russie et l'UE ;
- 2022, la Géorgie souhaite se porter candidate à l'entrée dans l'UE mais ce statut lui est refusé.

La Moldavie reste handicapée par l'existence de la Transnistrie. Jusqu'en 2020, ce sont des gouvernements communiste ou assimilé qui sont au pouvoir, exception dans les pays de l'est. Pauvreté, corruption, émigration sont le lot des Moldaves. Depuis 2020, le pays est dirigé par une coalition pro occidentale qui obtient le statut de pays candidat à l'UE pour la Moldavie.

La démocratie est bien établie en Roumanie où alternent au pouvoir partis social-démocrate et conservateur. L'état de droit s'impose et la corruption est bien maitrisée. Il en est de même pour la Bulgarie quoiqu'avec plus de difficultés.

La Turquie est gouvernée en permanence par Recep Erdoğan et son parti, l'AKP. En 2016, une tentative de putsch militaire est réprimée. Dès lors, le régime de parlementaire devient présidentiel. Erdoğan durcit le régime vers l'autocratie et accentue son évolution vers l'islam. La perspective d'entrée dans l'UE est, de fait, abandonnée mais l'union douanière, vitale pour l'économie, est maintenue. Le pays reste dans l'OTAN et les bases américaines subsistent mais la Turquie revendique une politique autonome et se rapproche des BRICS et des états turcophones de l'Asie centrale. L'oléoduc Bakou/Tbilissi/ Çaylar sur les rives de la Méditerranée permet l'acheminement du pétrole azéri sans passer par la mer Noire et le Bosphore. La politique économique positive d'avant est mise à mal par une inflation hors de contrôle due à un endettement exagéré et une récession en résulte dès 2018.

Ainsi en 2022/2024, les rives du nord de la mer noire sont en proie à une guerre européenne déclenchée par l'invasion de l'Ukraine par la Russie ; la Géorgie et la Moldavie sont plongées dans l'inquiétude d'être la prochaine cible russe. La Roumanie reçoit l'aide de troupes de l'OTAN pour se préparer à toute éventualité. La Turquie bien que membre de l'OTAN joue l'ambiguïté : elle applique strictement la Convention de Montreux en interdisant le passage des navires de guerre russes mais n'applique pas les sanctions décidées par l'Occident. En mer Noire, la flotte russe subit des pertes importantes du fait de l'utilisation de drones par l'Ukraine ; le trafic civil est pratiquement interrompu du fait des mines : les exportations de céréales ukrainiennes sont arrêtées ce qui entraine une crise mondiale. Que nous réserve l'avenir ?

Russie, guerre ou paix ?

La Russie, quel que soit son gouvernement et ses dirigeants, conservera toujours la nostalgie de l'Empire des tsars et de l'URSS. Cette nostalgie s'exprimera telle par des rêves, par des actions de guerre hybride voire par la guerre réelle ? La Russie peut s'appuyer sur des alliés tels Chine et Corée du Nord et sur la sympathie du "sud global", les anciens colonisés.

Une grande partie de la réponse est dans le camp de l'Occident, USA, UK et UE. Deux positions extrêmes peuvent être décrites :

- retour à l'isolationnisme des États-Unis, relative faiblesse de l'Europe (UE, UK), OTAN affaibli ;
- maintien d'une solide coalition OTAN avec des efforts partagés entre USA, UK et UE.

La combinaison de ces futurs permet de proposer deux positions contrastées de la Russie en mer Noire :

- Russie en position de force : la Russie conserve ses gains territoriaux en Ukraine et maintient une pression sur son "étranger proche", l'OTAN, volens nolens, accepte ce fait ;
- Russie en position de faiblesse : la Russie doit se replier sur son territoire initial face à un OTAN uni et déterminé.

Turquie, Occident ou Sud global ?

Les nationalistes turcs rêvent de retrouver l'influence de l'Empire ottoman et jouer un rôle en Asie centrale turcophone. Par ailleurs, l'espoir pour certains de rejoindre l'UE est vain : pour la plupart des pays membres, l'adhésion d'une nation musulmane dont la population serait la première en Europe (85 millions vs 84 pour l'Allemagne) est impossible.

La combinaison de ces tendances permet de proposer deux positions contrastées de la Turquie en mer Noire :

- Turquie occidentale : la Turquie retrouve l'héritage d'Atatürk et reste une alliée de l'Europe et des États-Unis ;
- Turquie "BRICS" : la Turquie, islamiste et nationaliste, s'allie sur les positions des BRICS et du Sud global.

Quatre scénarios pour le futur

Le tableau suivant définit quatre scénarios de futur à partir des positions contrastées supposées pour la Russie et la Turquie.

Définition des scénarios	Russie en positon de force	Russie en position de faiblesse
Turquie occidentale	Scénario A Mer Noire, mer russo-européenne	Scénario C Mer Noire, mer OTAN
Turquie BRICS	Scénario B Mer Noire, mer russe	Scénario D Mer Noire, mer ouverte

Scénario A : Mer Noire, mer russo-européenne

Sur les rives nord de la mer Noire, on trouve successivement la Géorgie soumise à l'influence russe, l'Abkhazie reconnue par la Russie, la Russie avec le Kouban, la mer d'Azov, la Crimée et le rivage jusqu'au Dniepr, l'Ukraine neutre mais soumise à l'influence russe, la Moldavie neutralisée et une Transnistrie russifiée. La Bulgarie est gouvernée par une démocrature : elle reste dans l'OTAN mais comme partenaire dormant. La Roumanie a du mal à rester une vraie démocratie mais assume sa participation à l'OTAN. La Turquie représente pleinement l'OTAN et s'est rapprochée de l'Occident et de l'UE sans être membre. Elle assure sans défaillance la maitrise des Détroits, d'une manière brutale à l'égard de la Russie et de ses dominés, d'une manière plus souple à l'égard de l'OTAN.

La marine russe est dominante en mer Noire mais les navires de la Turquie et de la Roumanie assurent une contre présence ; ils sont appuyés par des incursions temporaires de navires de pays européens de l'OTAN non riverains. Le commerce maritime a repris mais à un niveau relativement bas.

La mer Noire est au milieu d'une nouvelle guerre hybride entre la Russie et l'OTAN : incursions armées, incidents en mer, influences politiques, cyberguerre, etc. Ce scénario conduit à une situation instable : les États-Unis vont-ils tolérer cette état de fait et sortir de l'isolationnisme ? La Turquie peut-elle tenir avec peu d'appui militaire de l'Occident ? La Russie peut-elle maintenir sa domination sur l'Ukraine, privée du Donbass et de la Crimée, et sur la Géorgie ?

Scenario B : Mer Noire, mer russe

Sur les rives au nord de la mer Noire, on trouve successivement la Géorgie soumise à l'influence russe, l'Abkhazie reconnue par la Russie, la Russie avec le Kouban, la mer d'Azov, la Crimée et le rivage jusqu'au Dniepr, l'Ukraine neutre mais soumise à l'influence russe, la Moldavie pro russe. La Bulgarie et la Roumanie sont gouvernées par une démocrature : elles restent dans l'OTAN mais comme partenaires dormants. La Turquie, islamiste et nationaliste, s'est mis en réserve de l'OTAN et ne conserve avec l'UE qu'une union douanière qui lui est favorable. Elle a rejoint les BRICS et partage les positions du Sud global. Pour la maitrise des Détroits, elle l'exerce de façon sévère à l'égard de l'Occident mais très laxiste à l'égard de la Russie et de ses affiliés. Elle a des relations privilégiées avec la Russie et la Chine : celle-ci a financé la création d'un nouveau canal doublant le Bosphore.

La flotte russe a la complète maitrise de la mer Noire car la Turquie mobilise sa flotte en Méditerranée. Les navires de l'OTAN sont, de fait, interdits dans cette mer. Le commerce maritime est restreint sauf celui des céréales en faveur de l'Afrique et du Moyen-Orient.

La mer Noire est ainsi une mer russe. Ce scénario est donc celui de l'échec complet de l'Occident tant en termes militaires que sur le plan des valeurs. Il implique une Amérique rigoureusement isolationniste et une UE affaiblie. Sa robustesse est liée à la continuité de régimes autocratiques en Russie et en Chine.

Scénario C : Mer Noire, mer OTAN

Sur les rives au nord de la mer Noire, la Russie ne conserve plus qu'une étroite fenêtre à l'ouest de l'Abkhazie dans le Kouban et sur la rive orientale de la mer d'Azov : la Crimée est ukrainienne et le pont du détroit de Kertch est détruit ; la Russie ne dispose plus que du port de Novorossisk comme accès direct à la mer Noire. La Géorgie a recouvré l'Abkhazie, est membre de l'OTAN et, bientôt de l'UE. L'Ukraine a recouvré ses frontières d'avant 2014, est membre de l'OTAN et a rejoint l'UE. Elle a pu par ses efforts, les dommages de guerre et l'aide internationale retrouver la voie du développement, sa richesse agricole et ses industries. Avec ses barrages et ses centrales nucléaires rénovées, elle est proche de la neutralité carbone. La Moldavie réunie avec la Transnistrie est membre de l'OTAN et de l'UE. La Roumanie et la Bulgarie disposent avec un régime démocratique d'une prospérité nouvelle et jouent à plein leur rôle dans l'OTAN. La Turquie a retrouvé la démocratie et une certaine laïcité. Elle tient son rang dans l'OTAN et, sans en être membre, elle collabore avec l'UE qui est son principal partenaire politique et économique ; la croissance avec une inflation contenue est revenue. Sa maitrise des Détroits est orientée en faveur de l'Occident.

La flotte russe est marginalisée. L'Ukraine a développé une marine puissante du type OTAN avec l'aide des États-Unis : les chantiers de Mykolaïv produisent, Sébastopol rénové, est le port militaire de l'Ukraine et des occidentaux dont la Turquie. Odessa est redevenu un grand port de commerce pour les containers et les céréales. Le commerce en mer Noire est florissant.

La mer Noire est ainsi devenue une mer OTAN qui, avec la Baltique, assure les frontières l'UE. Ce scénario est celui de la victoire des démocraties occidentales. Il implique la défaite de la Russie en Ukraine et une unité entre les États-Unis et l'Europe pour une politique de fermeté à l'égard du régime russe, quel qu'il soit.

Scénario D : Mer Noire, mer ouverte

Sur les rives au nord de la mer Noire, la Russie ne conserve plus qu'une étroite fenêtre à l'ouest de l'Abkhazie dans le Kouban et sur la rive orientale de la mer d'Azov : la Crimée est ukrainienne et le pont du détroit de Kertch est détruit ; la Russie ne dispose plus que du port de Novorossisk comme accès direct à la mer Noire. La Géorgie a recouvré l'Abkhazie, est membre de l'OTAN et, bientôt de l'UE. L'Ukraine a recouvré ses frontières d'avant 2014, est membre de l'OTAN et va rejoindre l'UE. Elle a pu par ses efforts, les dommages de guerre et l'aide internationale retrouver la voie du développement, sa richesse agricole et ses industries. Avec ses barrages et ses centrales nucléaires rénovées, elle est proche de la neutralité carbone. La Moldavie réunie avec la Transnistrie est membre de l'OTAN et de l'UE. La Roumanie et la Bulgarie disposent avec un régime démocratique d'une prospérité nouvelle et jouent à plein leur rôle dans l'OTAN. La Turquie a rejoint les BRICS et a des relations privilégiées avec le sud global. Ses relations avec l'Europe sont mauvaises (flux de migrants, etc.) et elle conserve difficilement son union douanière avec l'UE. Les relations se sont tendues avec les États-Unis qui envisagent de fermer leurs bases en Turquie et l'OTAN examine comment mettre la participation de la Turquie en veilleuse. Elle applique strictement la convention de Monteux... sauf pour la Russie. Elle a réussi à ouvrir un canal concurrent du Bosphore avec des financements chinois et autres. La situation économique du pays est moyenne avec une inflation élevée.

La flotte russe est marginalisée. L'Ukraine a développé une marine puissante du type OTAN avec l'aide des États-Unis : les chantiers de Mykolaïv produisent, Sébastopol rénové, est le port militaire de l'Ukraine mais sans présence OTAN. La Turquie maintient une flotte significative en mer Noire. Le commerce maritime est important.

La mer Noire est devenue une mer ouverte. Ce scénario est celui d'une victoire occidentale sur la Russie mais avec une Turquie qui s'est éloignée de l'Occident. Les BRICS et leurs partenaires ont une position importante malgré la faiblesse de la Russie que, d'une certaine manière, ils compensent.

En guise de conclusion

L'avenir de la mer Noire se profile entre ces quatre scénarios extrêmes. Sera t'elle une mer de Paix, une mer des Ambiguïtés ou une mer des Conflits : dans les prochains mois, l'évolution du conflit ukrainien indiquera une tendance.

Printed in Poland
by Amazon Fulfillment
Poland Sp. z o.o., Wrocław

35545872R00057